『資本論』完成の道程を探る

不破哲三

新日本出版社

まえがき

この著作には、『資本論』の形成過程を研究の課題とした三つの論稿を収録しました。いずれも、二〇一九年一一月〜二〇二〇年六月に雑誌『前衛』に掲載したものです。収録にあたっては、論考の全体にわたって点検・補筆をおこないました。

最初の論稿「『資本論』編集の歴史から見た新版の意義」は、二〇一九年九月に開催された「新版『資本論』刊行記念講演会」でおこなった講演です（『前衛』二〇一九年一一月号）。この著作全体の構成から言えば、序論的な位置をしめます。

この論稿では、『資本論』第二部、第三部の編集にあたったエンゲルスの歴史的功績を意義づけるとともに、その「苦闘の経過」をまとめて紹介し、そこに残された問題点についても率直な指摘をおこなう仕事を、不破自身の「課題」としたいと、のべました。

この課題に取り組んだのが、第二の論稿「エンゲルス書簡から『資本論』続巻の編集過程を探索する」です（『前衛』二〇二〇年二月〜四月号）。

これは以前から考えていたテーマでした。今度、思いきってこの研究に取り組んでみて、科学的社会主義の理論の形成と発展のなかでエンゲルスが果たしたかけがえのない役割とその貢献の大きさを、あらためて痛感させられる機会となったことを、報告しておきたいと思います。

第三の論稿「マルクス研究　恐慌論展開の歴史を追って」は、それに続いて『前衛』二〇二〇年五月～六月号に掲載したもので、先行する二つの論稿で大きく意義づけたマルクスの恐慌理論に焦点をあてて、その成立と展開の歴史を追跡しました。この歴史は、『資本論』の形成過程の重要な一側面をなすものです。

なお、この部分では、末尾に、マルクスの恐慌論が現代に生きていることの実証として、二〇〇八年の世界経済危機（いわゆるリーマン・ショック）についての私の考察を、旧著から紹介させていただきました。

不破　哲三

二〇二〇年九月

『資本論』完成の道程を探る　目次

エンゲルス書簡から

『資本論』続巻の編集過程を探索する

マルクス研究

恐慌論展開の歴史を追って

『資本論』編集の歴史から見た新版の意義

――新版『資本論』刊行記念講演会で（二〇一九年九月二〇日）――

会場のみなさん、こんばんは。全国でインターネットを視聴のみなさん、こんばんは。不破哲三でございます。

1、『資本論』の歴史をふりかえる

さっそく本題に入りますが、『資本論』には歴史があります。

マルクスが最初の草稿執筆を開始したのは一八五七年、『資本論』第一部を仕上げて刊行したのが、その十年後の一八六七年、第二部、第三部は、マルクスの死後に草稿として残されました。この草稿を編集して第二部、第三部を仕上げたのはエンゲルスで、第二部は一八八五年、第三部は一八九四年に刊行されました。草稿執筆の開始から数えると、実に三七年もの歴史が経過したことになります。

私は、この歴史をたどりながら、新版『資本論』の特徴と意義についてお話ししたいと思います。そのために、『資本論』とその草稿全体を執筆順に並べて、みなさんにお見せすることにし

作成順に並べられた『資本論草稿集』や、刊行された『資本論』などを前に講演する不破哲三さん

ました。

『資本論』にいたるマルクスの執筆過程をたどる

マルクスが、経済学の研究を始めたのは、一八四三〜四四年、二五歳のとき。そして、研究の成果をふまえて、経済学の著作への取り組みを決意し、最初の草稿執筆にかかったのは、一四年後の一八五七年一〇月、マルクス三九歳のときでした（以下、演壇上に並べた『資本論』各巻とその諸草稿を一つ一つ指しながら説明する）。

［1］これが『一八五七〜五八年草稿』、一八五七年から五八年にかけてマルクスが書いた最初の草稿です。ノート七冊に書かれていますが、この訳本（『資本論草稿集』①、②　大月書店）では二巻になっています。

この時は、経済学の著作の計画は、次の「五部構成」で、経済学のプランというより、史的唯物論の教科書のプランといった印象を受けます。

（一）一般的抽象的諸規定。（二）ブルジョア社会の内的編制をなす諸範疇。資本、賃労働、土地所有。（三）ブルジョア社会の国家の形態での総括。（四）生産の国際的な関係。（五）世界市場と恐慌（『資本論草稿集』①六二ページ）。

マルクスの頭の中で、経済学の篇別区分について、基本的な方法論がまだ確立していない段階でのプランでした。

［2］その次に書いたのが、『経済学批判』（一八五九年）です。マルクスのプランでは、経済学のより広い領域を扱う計画でしたが、最終的には、商品論と貨幣論の部分だけを仕上げた著作となりました。執筆の過程で、著作全体の構想に大きな発展があり、マルクスは、この書の「序言」のなかで、この時点での著作の全体構想を次のように説明しました。

「私はブルジョア経済の体制を次の順序で考察する。資本、土地所有、賃労働、そして国家、外国貿易、世界市場。はじめの三項目では、私は近代ブルジョア社会が分かれている三大階級の経済的生活諸条件を研究する」（古典選書『「経済学批判」への序言・序説』一一ページ）。

［3］それに続くのが『一八六一年～六三年草稿』です。『経済学批判』の続編のつもりで書き始めましたが、研究が多方面に発展し、ノート二三冊におよぶ大作で、訳本の『草稿集』でも六冊になりました。

この草稿執筆の最後の時期に、著作の題名を『資本』にすることに決めましたが〔＊〕、全体の構想は現在の『資本論』とは違って、「六部構想」のままで、『資本』とはその最初の「部」の題名という意味でした。

＊　「〔『経済学批判』の――不破〕第二の部分は今やっとでき上がりました。……これは、第一分冊の続きですが、独立に『資本』という表題で出ます」（マルクスからルードヴィヒ・クーゲルマンへ　一八六二年一二月二八日　古典選書『マルクス、エンゲルス書簡選集　上』二〇五ページ、全集㉚五一七～五一八ページ）。

［4］一八六三年八月から翌年の夏までかけて、いよいよ本文を書こうということで、『資本』の表題のもと、まず第一部「資本の生産過程」の草稿を書きました。

［5］それから、おそらく第二部の「流通過程」の執筆にはまだ準備不足だと考えたのでしょう、第二部をとばして、一八六四年の夏から第三部を書き始め、年末までにその前半部分（現在の第一篇～第三篇）を書き上げました。

私は、『五七～五八年草稿』（一）から『資本』第三部（五）までを、〝前期〟の草稿と見ています。なぜかと言うと、この次の段階で、マルクスは、その経済学の構想全体にかかわる大発見をするのです。

［6］その大発見とは、恐慌の起こる仕組みをつきとめたことです。一八六五年前半の時期に

書いた第二部の第一草稿執筆のなかでの発見でした（邦訳『資本の流通過程「資本論」第2部第1稿』大月書店）。

ここでの大発見以後、著作の組み立ても内容も大きく変わってゆきます。これを転機として、これまで守ってきた「六部構成」という枠組みは捨てられ、研究の全内容を『資本論』〔＊〕に包括するという新構想がたてられることになるのです。ここに、前期から後期への、大きな転換点がありました。

＊　一八六二年以前の時期の表題『資本』も、構想転換後の表題『資本論』も、ドイツ語では「Ｄａｓ　Ｋａｐｉｔａｌ」という同じ言葉ですが、意義の違いを考えて、訳語では区別した表現にした。

［7］その新構想のもと、一八六五年後半には、『資本論』第三部の後半部分（第四篇〜第七篇）を書きますが、内容は新構想に対応するものに大きく変わりました。

［8］マルクスは、つづいて一八六六〜六七年に『資本論』第一部を執筆・刊行します。

［9］そして一八六八年から一八八一年まで、第二部の諸草稿を書きますが、その最後の部分、第三篇の執筆の途中で病気のために筆を止め、一八八三年三月、死を迎えたのでした。

私が〝前期〟と呼んだ諸草稿と後期の草稿とは、何が一番違うのか。資本主義がなぜ没落して、社会主義への変革を必然とするのか、この資本主義の「必然的没落」の理解が、そこで根本から変わってきたのです。

一八六五年の『資本論』第二部第一草稿に、その転換をひき起こす大発見があったのでした。

一八六五年の大転換

それまで、マルクスが、この「必然的没落」の理解という問題についてどういう考え方でいたかといいますと、資本主義の発展とともに利潤率が下がってくる——これはリカードウを悩まし、そこに資本主義の危機を感じさせた大問題でした。リカードウの段階では、利潤率低下の原因をまだつきとめられなかったのです。マルクスは、その難問を剰余価値論で見事に解決しました。しかし、そのときに、利潤率低下のうちに資本主義の危機をみたリカードウ以来の経済学の危機感をうけついで、利潤率の低下が恐慌をひき起こし、社会変革を必至とする、こういう見方を、資本主義の「必然的没落の理解」の根本に据えてしまったのです。この見方は、『五七〜五八年草稿』から一八六四年後半に書いた『資本論』第三部の時期にまで続きました。

ところが、一八六五年のはじめに、おそらく一月だと推定されますが、資本の流通過程を論じる第二部の草稿をはじめて書いたとき〔第一草稿〕、マルクスは、恐慌が利潤率の低下などとは関係なしに、別の仕組みで起こることを発見したのです。私は、これを恐慌の運動論と呼んでいるのですが、この発見が、マルクスのその後の経済理論の体系、とくに資本主義の「必然的没落の理解」への大きな転換点となりました。

ここで発見した恐慌のしくみとは、つぎのようなものです。資本は商品を生産します。これは消費者に販売し、消費してもらうためです。ところが、資本主義の発展のなかで、その資本の生産と消費者との間に商人が入ってきます。マルクスは、こうして、中間に商人が入ってくることが、生産と需要とのあいだの矛盾を大きくして恐慌の勃発にいたるというしくみを、第二部第一草稿（一八六五年）で発見したのでした〔＊〕。この発見とともに、それまでの〝利潤率の低下が恐慌と危機をひき起こし、資本が没落する〟という理論の誤りがあきらかになってきます。

＊ **恐慌の仕組みの発見**　この時、マルクスが、恐慌が起こる仕組みとして最初に書きこんだ文章は、次のようなものだった。

「もしも銀行が資本家Aに、彼が彼の商品にたいする支払いのかわりに受け取った手形にたいして（割引で）銀行券を前貸しするか、あるいは直接に、まだ売れていない彼の商品にたいして彼に銀行券を前貸しするかするとすれば、この銀行券は相変わらず、対象化された労働を、つまり〔資本家〕Aの商品のうちにすでに物質化されている労働を表わすのであり、それは現存する商品の転化形態であろう。

〔その場合は、〕ただ、商品あるいは支払手段（手形）が貨幣に転化される時間が先取りされ、それによって、流通過程が短縮され、再生産過程が加速される、等々というだけであろう、――ただ商品の貨幣さなぎ化が先取りされるだけであろう。またこの過程を通じて、販売が現実の需要から独立化し、架空のW―G―Wが現実《レアール》のそれに取って代わることができ、そこから、恐慌が伝播されうるのである。(過剰生産、等々。)(『資本の流通過程――「資本論」第二部第一草稿』三五ページ)。

マルクスが、恐慌生起の具体例としてここで取り上げたケースは、産業資本家が銀行の融資で「商品の貨幣さなぎ化」を先取りするという特殊なケースだが、そこで恐慌発生の仕組みが説明できることが明らかになると、次の段階で、マルクスの思考は、この仕組みが成り立つ条件のより一般的な探究に進んだ。そして、草稿の六ページ(訳書の四七~四九ページ)先では、銀行の関与などの特殊な条件を抜きに、資本主義的生産のもとで恐慌の周期的必然性を、より完成した内容で展開したのだった(この展開の内容は、本書二四七~二四九ページで紹介)。

マルクスはその発見にただちに対応しました。一八六五年後半には、第三部の後半を書き始めますが、それは、信用論や地代論などまでをふくむ、新しい構想に立ったものでした。

ここでは、『資本論』全体の構想そのものがすでに変わっていました。それまでの構想では、著作全体は「六部構成」で、「資本」につづいて、「賃労働」「土地所有」などなどが、別個の「部」で研究されるはずでした。これまで、その立場でずっと書いてきたのですが、この大発見があった後、『資本』論一本に経済学の研究をすべて集約しよう、『資本』論にマルクス経済学の全部を代表させよう、こういう考えにかわって、新しい構成で書くようになったのでした。

この構想のもとで、すでに草稿を書きあげていた『資本論』第一部も、その内容を発展させ、根本的に書き改めました。それが、現在、私たちが読んでいる『資本論』第一部です。

そして、そのあと第二部の草稿を書いている途中でマルクスは死を迎えました。現在の第二部は、残された諸草稿からエンゲルスが編集してしあげたものです。第三部も、一八六四〜六五年にマルクスが書いた草稿（さきほどの［五］と［七］）から、エンゲルスが編集しました。

こういう経緯ですから、『資本論』をご覧になって、第一部から順々にマルクスが書いたと思うと大間違いで、実際は、最も早い時期に草稿を書いたのが第三部で、第一部は、それに続く時期にマルクスが書き、自分の責任で発表したもの、第二部は、その後、マルクスが一連の草稿を執筆したものでした。現在の第二部、第三部は、残された草稿からエンゲルスが編集して仕上げました。これが全三部の歴史的な成り立ちなのです。

「必然的没落の理解」での転換

マルクスの経済学というのは、資本主義社会の経済体制（資本主義的生産様式）を研究の対象として正面から分析したものですが、その理論的な要《かなめ》が二つあります。

一つはなぜ、資本主義が封建社会にかわって生まれて発展したのか、社会がより高い発展段階にすすむことになったのか。マルクスはこの問題の解明を資本主義の「肯定的理解」と呼びました。

次の要は、その資本主義が、どうして矛盾が大きくなって次の社会に交代するのか、という問題です。マルクスはそのことの解明を資本主義の「必然的没落の理解」と呼びました〔＊〕。

＊ この言葉は、『資本論』第一部第二版へのマルクスの「あとがき」（一八七三年）からとったもの。

『資本論』における「弁証法は、現存するものの肯定的理解のうちに、同時にまた、その否定、その必然的没落の理解を含み、どの生成した形態をも運動の流れのなかで、したがってまたその経過的な側面からとらえ、なにものによっても威圧されることなく、その本質上批判的であり革命的である」（新版『資本論』①三三〜三四ページ、新書版①二九ページ、傍点は不破）。

この「必然的没落の理解」が、『資本論』第二部第一草稿（一八六五年執筆）を軸にしてすっかり変わってしまった。このことを、『資本論』を読むときに、皆さんにしっかり見ていただきたいと思います。これは、なかなか注目されない点なのです。

なぜ、ここでその転換が起こったかというと、先ほど説明したように、恐慌が起こる本当の仕組みが分かったからです。恐慌の運動論をここで発見した。一八六五年のはじめに――おそらく一月だと私は推定しているのですが――発見した。これがマルクスの経済学の理論体系のその後の大きな発展への転機になりました。

こういう歴史――一八六五年がマルクスの転換の時点だという歴史――がわかると、先ほど見ていただいた『資本論』とその諸草稿の列のなかに、現在『資本論』の構成部分になっているが、転換以前の時期に属するものがあることに気づかれるでしょう。第三部の前半部分（第一篇～第三篇）です。後で話すことですが、これが今の『資本論』のなかで、転換以前に書いた部分だったのです。ところが、エンゲルスはそのことに気がつかないで、大転換の前に書いた第三部の前半部分を、後半部分と同じようにマルクスの経済学の完成品として扱ってしまいました。このことが、『資本論』に一つの大きな問題を残したのでした。

『資本論』の歴史とインタナショナル

以上が、『資本論』の歴史です。

では、マルクスは、利潤率の低下から恐慌がおこり、社会の危機と革命にすすむという古い没落論をすてた後、どういう内容で、資本主義の必然的没落の理論をうちたてたのか。

これは、歴史の進み方のたいへん面白い点ですが、この理論的転換の時期と、マルクスが第一インタナショナル（国際労働者協会）という労働運動の国際組織に参加して、労働者階級の解放運動の先頭に立った時期とが、奇しくも一致しているのです。

一八六〇年代の半ばごろには、ヨーロッパの労働運動がだんだん進んできて、一八六四年九月、イギリスやフランス、ドイツの労働者の代表がロンドンに集まって国際的な組織、国際労働者協会をつくることになりました。そしてその国際協会にマルクスが呼ばれて、その指導にたずさわるようになり、実際に労働運動の指導的な論文を書き始めました。労働者階級の解放闘争を力強い言葉で呼びかけたこの協会の「創立宣言」〔＊〕も、マルクスが執筆したものでした。そのすぐあとに、経済学の上での重要な理論転換があったのでした。

＊「創立宣言」「国際労働者協会創立宣言」。一八六四年一一月一日の同協会暫定委員会で全員一致採択された。

恐慌のために自動的に資本主義が壊れるのではない、資本主義の経済的矛盾の発展はもちろん重要だが、社会を変える力である労働者階級が資本主義の搾取のもとで鍛えられ成長して、最後には資本主義を変革する力をともつまでに発展する、このことに「必然的没落」の中心問題がある。マルクスは、理論面で以前の「恐慌―革命論」から、こういう方向に発展をとげつつあるのと同じ時期に、国際労働運動の先頭に立つことになったのでした。そういう立場で『資本論』第一部を書いている時期に、インタナショナルの指導者となり、その最初の大会（一八六六年のジュネーヴ大会）では、「労働組合。その過去、現在、未来」という題で、世界の労働運動のためのテーゼを書きます。マルクスはそのなかで、労働組合の役割が、「資本にたいする局地的な、当面の闘争」にとどまるものではなく、『労働者階級の完全な解放という広大な目的」のために「労働者階級の組織化の中心として意識的に行動する』任務をになっていることを、強調しました（古典選書『インタナショナル』五八ページ）。

こうして、マルクスの実践的な活動の発展と、この恐慌の運動論の発見による経済学の転換が同じ時期に行われた、私はこのことに歴史の歩みの不思議さを感じるのですが、これは、実際、マルクスの理論と実践の発展の大転換期を表わしたものでした。

この転換の意義をつかむことが、『資本論』の歴史をとらえるうえで非常に大事なのです。まず、そのことを申し上げておきたいと思います。

2、エンゲルスの編集史と後継者の責任

『資本論』というのは、さきほど言いましたように、マルクスが第一部、第二部、第三部と順序よく書いたものではありません。第一部は、マルクスが全部、自分で書いて編集したものです。

第二版（一八七二年）を刊行するときにも、いくつかの重要な部分を書き直して仕上げました。

ところが、第二部については、マルクスが第一部を完成してから、ずっと、第二草稿から第八草稿まで、数多くの草稿を書いて、完成しないまま中途で亡くなったのでした。その残された諸草稿をエンゲルスが編集したのです。第三部は、マルクスが書いた草稿が、前半の部分と後半の部分、執筆時期の違うものが残っていました（第一篇〜第三篇は一八六四年後半、第四篇〜第七篇は一八六五年後半に執筆）。どちらもマルクスが最初に書いた初稿ですから、まだ荒っぽいところ、未完成のところがずいぶんあるのです。それをエンゲルスが仕上げて完成させました。

こういう形で、『資本論』の第二部と第三部は、いわばマルクスとエンゲルスの共同作業の産物として生まれたものです。

マルクス流「象形文字」の解読

その共同作業ですが、この二つの部を仕上げるまでに、エンゲルスは大変苦労しました。まず、草稿に書かれたマルクスの字を読むのが難しいのです。私もひとの読めない字を書く方なのでマルクスの悪口は言えないのですが、マルクスの書いた字を読めるのは、マルクス夫人とエンゲルスだけだった。ときには、マルクスは自分で書いたものが読めないで（笑い）、エンゲルスに読んでもらった（笑い）。こういう話があるくらい、「象形文字」とも言われるような字なのです〔＊〕。

＊ **エンゲルスの手紙から**　このことについて、エンゲルスは第二部の作業を始める前に、友人にこういう手紙を書いていた。

「今は、『資本論』の結びの諸巻を印刷できる文章と、読める筆跡とでまとめることが、絶対の必要事なのです。このふたつのことをやれるのは、生きている人間全部のうちで僕だけです。もし僕がその前にくたばりでもしたら、これらの手稿を読み解くことは、ほかのだれにもできないでしょう。マルクス自身、もうそれを読めないことがしばしばあったのですが、マルクス夫人と僕には読めたのです」（エンゲルスからベーベルへ　一八八四年六月二〇日　全集㊱一四九ページ）。

一八八三年三月、マルクスが死んだときに、夫人はすでに亡くなっていました。残された『資本論』の第二部、第三部の草稿を読める人は、もうエンゲルス以外にいない。その判読にエンゲルスがとりかかるのですが、それは容易な仕事ではありませんでした。

エンゲルスは、マルクス葬送の任務をおえたあと、マルクスの書斎などを捜索します。そのとき、『資本論』第二部、第三部の草稿を発見した喜びの手紙がのこされています。

一八八三年四月二日　**ラブローフへ**　「『資本の流通』と第三部『総過程の形成』との原稿は見つかりました。――二つ折り判で約一〇〇〇ページです。この原稿が今のままの状態で印刷にまわせるかどうかは、いまのところなんとも申しかねます。いずれにしても、これは下書きなのですから、私が清書しなければならないでしょう。明日やっと暇ができますので、モール［マルクス――不破］がわれわれに残した全部の手稿に数時間かけて目をとおすことになるでしょう」（全集㊱三ページ）。

四月一一日　**ニューウェンホイスへ**［＊1］「マルクスは『資本論』第二部［＊2］のための厚い原稿を残しましたが、まずこれを一通り全部読んでみないことには（しかもなんともひどい筆跡です！）、それが程度まで印刷できるのか、どの程度まであとのノートから補充する必要があるのか、なんとも言えないのです。いずれにしても、肝心なのは、あるということです」（同前六ページ）。

＊1　**ニューウェンホイス**、フェルディナンド・ドメラ（一八四八～一九一九）オランダの労働運動の代表者のひとり。のちにオランダ社会民主労働党の創立者の一人となるが、９０年代以降は無政府主義者となった。

＊2　**『資本論』第二部**　この時点では、現在の第二部と第三部を、合わせて「第二部」と呼んでいた。

その遺稿を世にだす仕事、なかでも『資本論』の続刊を刊行する仕事は、エンゲルスに課せられた大きな課題でしたが、エンゲルスが、この草稿を編集する仕事にとりかかるのは、発見してから一年くらいたった一八八四年五月末になりました。なぜ、こういう空白があるのか、調べてみますと、やはり理由がありました。

まず、エンゲルスが、病気で六カ月ほど寝込むのです。そして、病気から起き上がって、マルクスの残した遺稿をずっと調べていくと、そのなかに、モーガンというアメリカの古代社会研究家［＊1］が書いた著作『古代社会』についてのマルクスのノートがみつかりました［＊2］。エンゲルスがそのノートを読んで、マルクスのこの研究をそのままにしておくわけにはいかない、『資本論』編集の任務もあるけれども、この仕事は長く時間がかかるから、その前にマルクスの最後の労作である古代社会論をまとめて発表しよう、こう決意して、『資本論』編集の前に、まずこれにとりかかったのでした。こうして生まれたのが『家族、私有財産、国家の起源』（一八八四年）という、みなさんよくご存じのエンゲルスの著作です。エンゲルスはそれを、マルクスのノートを発見してから正味二カ月くらいで仕上げました。

＊1　**モーガン**、ルイス・ヘンリ（一八一八～八一）　アメリカの考古学者で、『古代社会』は一八七七年にロンドンで刊行された。

＊2　**マルクスのノート**　「ルイス・ヘンリ・モーガンの著書『古代社会』摘要」と題されるノートで、一八八〇年末から一八八一年三月初めまでに執筆された。全集補巻④二五七～四七四ページに収録されている。

エンゲルスは、八四年五月末から『資本論』第二部の編集にとりかかります。この編集作業の第一の難関は、マルクスの草稿を読める字に書き直すことでした。エンゲルスはそれにとりかかるのですが、病み上がりの身ですから、いろいろ考えて、筆記者を頼んで、自分はソファで横になって草稿を読む、そしてエンゲルスが読み取ったものを、きちんとした読める字に筆記者に書き直してもらう、こういう作業ですすめることにしました。第二部のこの口述作業には、なんと、八四年の五月末からはじめて一〇月まで五カ月近くかかりました。そうして清書したものを、エンゲルスが、夜、正確に筆記されているかどうかを点検して必要な手直しをやる。

そのときのエンゲルスの手紙があります。〝体の調子が悪く、医者からは長時間机にむかうな、と厳禁されていた〟と。そういった状況になったために、膨大な草稿の清書は、できないから、それを筆記者に頼んだというわけです。この作業が毎日五時間から一〇時間。こうして清書した草稿を材料として、エンゲルスが第二部にかかるのですが、一八八五年一月には編集が完了する。ものすごいスピードでした。しかし、一日五～一〇時間の口述筆記は、たいへんな苦しい仕事だったようで、エンゲルス自身、その作業を「難行苦行」と呼んでいました〔＊〕。

＊ **「難行苦行」**「いま僕は『資本論』第二巻の口述筆記をやらせており、これまでのところ急ピッチで進行しています。だが、これは難行苦行で、たいへん時間がかかり、ところによっては知恵をしぼらなければなりません。幸いなことに、僕の頭の調子はたいへんよく、完全な活動能力をたもっています」（エンゲルスからベッカーへ　一八八四年六月二〇日　全集㊱一四

八ページ）。

その上、夜の手入れの仕事があります。当時の夜は、いまのように明るくはないのです。ランプやろうそくの時代からガス燈の時代に変わっていましたが、ガス燈といってもいまの白熱電灯にくらべればはるかに暗いものです。私は、この夜の仕事が、次の段階でエンゲルスが眼病で悩む大きな原因になったことは間違いないと思います。そういう苦労をして第二部を仕上げました。

一〇年近くかかった第三部の編集

今度は第三部です。これは、第二部のようなスピードでは進みませんでした。

また、最初の作業は口述筆記です。それは八五年一月に始まり、七月下旬には完了します。エンゲルスはこのとき、はじめて第三部の内容を詳しく読んだようで、いろんな友人に第三部の内容について手紙を書き送っています。たとえば、ラウラというマルクスの二番目の娘さんですが、そのラウラに送った手紙には、こうありました。

「こういうたいへんな諸発見、こういうまるまる完全な学問上の革命を脳内でやりとげた人が、二〇年間もこれをそのまま残しておくことができたとは、ほとんど思いも及ばないことです」（八五年三月八日　全集㊱二五九ページ）。

エンゲルスも知らされていなかったすばらしい内容が第三部に展開されている。そのことへの驚きと感激の言葉です。

一方、編集に取りかかるエンゲルスの体の条件はさらに悪くなっていました。

まえまえからの病気にくわえて、目の病気がすすんだのです。医者からは読み書きは一日二時間だけと制限されます。エンゲルス自身、『資本論』第三部を仕上げたときに「序言」を書いていますが、その中で、完成が遅れた事情の第一に、自分の体調をあげてこう述べています。

「なによりもまず、いちばん私のさまたげになったのは、長く続いている視力減退で、このため、私のもの書きをする仕事の時間は、多年にわたって最小限に制限されてきたし、いまもなお、人工の光〔ガス燈のこと――不破〕のもとでペンを手にすることが例外的に許されているにすぎない」（新書版⑧五ページ）。

こういう悪条件のなかで第三部の編集に携わったのでした。しかも、エンゲルスがおかれていたのは『資本論』さえやっていればいいという立場ではないのです。

以前は、マルクスと二人で協力して世界中の労働運動、社会主義運動に対応していました。いろいろな理論問題にも二人で分担し合ってとりくんできました。いま、それが一人になった。しかも、エンゲルス自身の著作への取組みもあるが、マルクスの著作でまだ発表していないものやいろいろな著作の各国語版を発表する必要が出てくる。そうなると、その準備が全部エンゲルスの肩にかかってきます。そういう仕事を山と抱えながら、さらに手紙を書くという仕事があります。これは最小限にすると何度も宣言するのですが、世界の各方面から意見や助言を求められ、運動上エンゲルスの発言を必要とする場面もかぎりなくうまれてきました。第三部の編集にあたっている一〇年近くの間に、全集に収録されているだけでも、世界各国の友人や活動家たちに一一六二通、全集で二〇〇〇ページを超える手紙を書いています。そういう状況ですから、なかなか『資本論』第三部の仕事は進みませんでした。

第三部の口述筆記は、一八八五年七月に終わりましたが、エンゲルスはその後見舞われた眼病のために長く仕事にとりかかれず、編集作業を開始するのは、一八八八年一〇月となり、第三部の最後の原稿を印刷所に送り出したのは、一八九四年五月になりました。口述の開始から数えると、編集にほぼ九年半かかったことになります。こうして一〇年近い歳月をかけて生み出したのが、『資本論』の第三部です。これは伊達や酔狂では読めない本ですよ。

内容を見ますと、最初の難関は第一篇だったそうです。理論の筋道よりも、このなかに剰余価値率と利潤率の関係の計算をする章があります（第三章と第四章）。マルクスは数学には強いけれども計算には弱いという弱点があって、この篇に関係する計算のノートが何冊もありますが、みんな間違っているのですね（笑い）。それを全部訂正して、ちゃんとした計算式に直すのに一番苦労したということを、エンゲルスは書いています。その一方、第三部の最大の問題である「利潤率の傾向的低下の法則」を論じた第三篇などは、ほとんど問題を感じないまま、パスさせたようです。

ともかく八八年一〇月に編集作業を始めて以後、翌八九年の二月末までに第一篇―第四篇の編集を終えています。かなりのスピードでした。

ところが第五篇、これはわれわれがいま読んでも苦労するところで、銀行と信用にかかわる長い篇です。エンゲルスは、八九年の秋からこの篇に取りかかったようですが、編集の完了までにたいへんな苦労をすることになりました。

エンゲルスが第三部の「序言」で書いていることを要約すると、次のような状況だったとのことです。

ここは、理論的体系としてはまったく仕上がっていない部分だったので、それを理論的に仕上げて「著者の与えようと意図していたものすべてを、せめて近似的に提供しよう」と考えて、その線での仕上げ作業を三回試みたけれども、そのつど失敗した。どうしても成功しない。「私に残されたのは、ある点では大急ぎで事をかたづけ、現存するものを可能な限り整理することだけに限定し、ただどうしても必要な補足だけをすることしかなかった」(新書版⑧一一ページ)。

こういう方針を採用してようやく第五篇の編集を終えたのが、一八九三年の春でした。信用の篇だけで何と三年と数カ月かかったことになります。

エンゲルスは、いつも第三部の編集の状況を友人やマルクスの娘たちに書き送っていますが、誰にも知らせない、一切報告を書かない時期が一八九〇年から九一年にかけてかなり長く続いたことがあります。私は、この発信空白の時期は、信用のところで何度も理論的に仕上げようとして「その都度失敗した」というその時期にあたるのではないかと推測していますが、そういう、ひとにはいいがたい苦労をしてようやく仕上げたのが。第五篇でした。

このころの状況について、エンゲルスの印象的な言葉があります。信用論を仕上げる四カ月前、彼は九二年一〇月に、オーストリアの党幹部アードラーという同志に次のような手紙を書いたのです。

「僕はいま『資本論』第三巻にとりかかっている。過去四年間で一度でも三カ月、落ち着けるという予定がとれていたら、とっくに仕上がっているはずだ。しかしそんな目に会うことは一度もなかった」（エンゲルスからフリードリヒ・アードラーへ　一八九二年一〇月二三日　全集㊳四四〇ページ）。

エンゲルスは、実に、そういう苦労のなかで、第三部の編集という困難な仕事をやりとげたのでした。九三年三月～九四年五月に、『資本論』の最後の部分、地代論その他を仕上げて印刷所に送りこみ、一八九四年一二月に第三部が刊行されました。

こうして、マルクスの生涯をかけた労作『資本論』全三部が、ついに世界に送り出されたのでした。

その一〇カ月後、一八九五年八月にエンゲルスは死亡しました。まさにエンゲルスは『資本論』に命をささげたと言ってもよいと思います。

悪条件のもとでの編集作業

これまでに見てきたように、エンゲルスによる『資本論』第二部、第三部の編集作業は、たいへんな悪条件のもとでおこなわれたものでした。

第一に、マルクスは、生前、草稿の進み具合をエンゲルスに説明すると、「そこまでできているのなら早く書け」といわれると思うものですから、内容も進行状況もエンゲルスに知らせなかったのです。内容を知らされていないのですから、それだけでも編集はたいへんでした。

第二に、エンゲルスは編集にあたって、草稿の内容は、マルクスが仕上げた第一部の草稿と同じ水準のものだ、仕上げられたものだと思っていましたから、そのなかにマルクスが乗り越えた古い考えが残っているなどとは夢にも思わないわけです。しかし、実際には、さきほど説明したように、第二部第一草稿で大きな理論的転換がありました。残された『資本論』第三部の草稿には、この転換以前に書いた部分（第一篇～第三篇）があったのですが、エンゲルスはそのことに気がつかないまま、編集にあたった。これも大事な点です。

第三に、『五七～五八年草稿』、『六一～六三年草稿』があることは、エンゲルスはわかっていました。ざっとは見ています。ただ、先ほど言ったように、マルクスの字というのは難しい字ですから、ざっと見て中身がすぐわかるものではないのです。エンゲルスは、そのなかに、「剰余価値にかんする諸学説」と題した膨大な草稿があることを発見して、後輩たち〔＊〕にこれは大事だということを書き送っていますけれども、こういうものを自分で研究して、『資本論』に生かすことはとても不可能でした。

＊ **後輩たち**　ドイツの社会民主党の幹部党員だったカウツキー（一八五四〜一九三八年）とベルンシュタイン（一八五〇〜一九三二年）です。エンゲルスは、この二人にマルクスの「象形文字」の解読法を教えこみ、自分の死後に「剰余価値にかんする諸学説」を刊行することを委託した（一八八九年一月二八日のエンゲルスからカウツキーへの手紙参照。全集㊲一一八〜一二〇ページ）。しかし、この二人のエンゲルス死後の政治行動は、エンゲルスの期待を裏切るものとなった。

最後に、エンゲルス自身の体調の困難がありました。仕事時間の制限をしろと最初からいわれていた、それに眼病がくわわるなど、いろいろなことがあって、第三部刊行の九カ月後に亡くなりました。亡くなった後に、食道がんにおかされていたこともわかりました〔＊〕。

＊ **エンゲルスの病気**　エンゲルスには知らされていなかったが、彼を見ていた医者は、数年来エンゲルスをなやましてきた病気が食道がんであることを知っていた。

エンゲルスは、こういう困難をきわめた歴史的条件のもとで、最善を尽くしたと思います。そういう努力があったからこそ、『資本論』全三巻の全体像が後世に伝わることができて、私たちはいまこれを読むことができるのです。これはエンゲルスならではの歴史的功績だったと思います。

私は、今回、あらためてその全経過をふりかえって、その意義を痛感しました。後の機会に、エンゲルスの苦闘の経過をまとめて紹介する仕事を自分の課題としたい、こういう気持ちにもなりました。

こういう困難な条件のもと、単独の努力でおこなわれたその編集作業が歴史的限界をまぬがれないことは当然なのです。事実、いくつかの問題点が残りました。

今日、『資本論』最後の巻・第三部が発行されてから一二五年たちました。マルクス、エンゲルスの新しい完全版全集――略称『新メガ』の刊行で、一九九〇年代半ば以後には、諸草稿のほとんど全体を日本語で読めるようになりました。ですから、エンゲルス編集の歴史的到達点にとどまらないで、その問題点も調べて解決するのは、新しい条件を得たわれわれの責任だと思います。そしてその責任を果たしたのが、今回の新版の大きな特徴であり、成果だということを、私はみなさんにご報告したいと思います。（拍手）

3、現行版の編集上の問題点

資本主義の「必然的没落」論と恐慌の運動論

これから、現行版の主要な問題点をみてゆきますが、その最大のものは、先ほど、現行の『資本論』への発展の起点となったと意義づけた第二部第一草稿における転換点――新しい恐慌論、恐慌の運動論の発見が見落とされてしまったことです。

エンゲルスは第二部を編集したときの「序言」に、「第一草稿（一五〇ページ）は、現在の区分での第二部の最初の独立の、しかし多かれ少なかれ断片的な論稿である。これからも利用できるものはなかった」（新版⑤九ページ〔Ⅱ〕一一ページ）と言って、第一草稿は編集からはずすことを言明していました。

『資本論』は、「資本の生産過程」、「資本の流通過程」、「総過程」という三つの構成部分からなっていますが、第一草稿というのは、マルクスが「流通過程」論を最初に展開した草稿でした。

ですから、まだ荒っぽいところ、未成熟なところはいっぱいあります。そういう意味では、これを採用しないで第二草稿以後の草稿によって編集したということには一定の根拠があったのですが、実はその第一草稿には、そのなかでマルクスが恐慌の運動論を発見してここに書き込んだというたいへん重要な特質がありました。それをエンゲルスが見落としたことは、『資本論』の編集に大きな影響をおよぼしました。

第一は、資本主義の没落論にかかわる問題です。

マルクスは、『資本論』第二部第一草稿を書く以前の時期、すなわち一八六四年までは、利潤率の低下が恐慌を生み社会変革を生むという古い没落論にとらわれていました。『資本論』第三部の前半部分は、その時期に書かれたもので、その第三篇では、「利潤率の低下傾向」がいかに資本主義の没落を必然のものとするか、ということの証明が主題の一つとなっています。しかし、内容をよく読んでみると、最後までその没落論は証明できないままに終わっていることがわかります。

マルクスはその後、恐慌が起こる仕組みを、第二部第一草稿での「資本の流通過程」の研究のなかで発見して、資本主義の「必然的没落」の理論を、新しい見地で発展させたのでした。ですから、『資本論』第一部では、第七篇の第二三章と第二四章第七節がこの問題の解明にあてられ、資本主義の諸矛盾の発展と合わせて、そのなかで「訓練され結合され組織される労働者階級」の運動、その変革者としての成長が主体的条件となって、資本主義が没落の時期を迎えるという新しい没落論が書かれています。

ところが、エンゲルスは、そこを見損なったために、その没落論と同時に、「利潤率が低下して資本主義が没落する」という、マルクスが乗り越えた前段階の没落論を第三巻にそのまま残してしまいました。

その結果、労働者階級の闘争を軸にした第一部の新しい没落論を全面的にとらえられず、資本主義は利潤率低下で没落するのではないかという見方に余地を残す結果になりました。

注意しておきたいのは、これは、利潤率低下の法則に問題があるわけではありません。利潤率というのは、不変資本と可変資本の比率ですから、資本が大きくなり発展すれば必ず低下します。しかし、低下することが資本主義の危機を生むかと言えば、そういうことはないのです。これは、生産力が発展すれば当然起こる現象であって、それを没落論に結びつけたところに、大きな誤りがあったのでした。マルクス自身は、一八六五年の恐慌の運動論の発見を転機としてこれを克服しましたが、エンゲルスが第三部を編集したさいに、この問題に気づかず、マルクスがすでに乗り越えた見地を一部に残してしまった。そこから不明確さを生んだのでした。

第二は、恐慌の運動論の本格的な展開がないことです。

もともと、エンゲルスは、マルクスが第二部第一草稿で恐慌の運動論を発見したという事実そのものを見逃してしまったものですから、現行の『資本論』全体を読んでも、恐慌の運動論についての本格的な議論はなかなか見つからないのです。しかし、よくよくみると、現行の『資本論』にも、恐慌の運動論について述べた部分はありました。

たとえば第三部の第四篇の商人資本論です。ここは、マルクスが、新しい恐慌論、恐慌の運動論を発見したその年（一八六五年）に書いた篇ですから、そこで商人資本の運動を論じるなかで、マルクスは新しい恐慌論を展開しています〔＊〕。しかし、そこに新しい恐慌論を読み取る人がいままであまりいませんでした。商人資本の運動にかかわる特別の議論として、読み過ごされてきたのだと思います。

＊　第三部第四篇の「第一八章　商人資本の回転。価格」（新書版⑨五一四～五一六ページ）を見てほしい。そこでは、第二部第一草稿で発見した恐慌の運動論が、第一草稿以上にていねいに説明されている。

マルクスは、第二部の「注」のなかで、恐慌論はこの部の最後の部分で本格的な展開をおこなうことを予告しています〔＊〕。つっこんだ恐慌論は、そこで展開するよ、という予告だと思いますが、現行版では、予告だけにとどまっています。いまの『資本論』の編集では、マルクスがせっかく発見した恐慌論が、十分な形では反映しておらず、ここに一つの大きな弱点を残しました。

＊　第二篇「第一六章　可変資本の回転」のなかでの「注」（新版⑥五〇一～五〇二ページ）。この「注」は、一八六八～七〇年に執筆した第二草稿のなかでの「注」だが、次に見るように、のちの草稿には、最後の部分で予定した恐慌論が、第一草稿で発見した恐慌の運動論を基本と

するものであることを示唆する書き込みもあった。

第二部の「第二章　生産資本の循環」は、一八七六〜一八七七年執筆の第五草稿によって編集したもので、第二部の諸草稿のなかでも、最も新しい時期の所産ですが、マルクスは、そのなかで、流通過程への商人の参加の問題を取り上げたとき、その文章の最後に「恐慌の考察にさいして重要な一点」という一句を書き込みました（新版⑤一二四ページ）。そして、そのページの下段に長い注を書き込みました。そこで出所は示しませんでしたが、内容は、恐慌の運動論を説明した第二部第一草稿の文書を転記したものでした。ここは、恐慌論を本格的に論ずる場所ではありませんから、第二部の最後の部分で恐慌の問題を本格的に論じるときに必要な文章を、覚え書き的に書き留めたのではないかと、私は見ています（エンゲルスはこの「注」を、本文に組み込みました）。

第二部の草稿執筆の最後に近い時期（一八七七年）に、第一草稿の恐慌論の主要部分をここに転記したことは、その時点でのマルクスの理論的立場をしめすものとして、重要な意義を持つことでした。

新版では、いまあげたそれぞれの箇所で、新しい恐慌論にかかわる必要な説明を「注」でおこなって、本文では説明の足りない点を補っています。さらに、第二部の最後には、かなり大きな

「訳注」をたて、第二部第一草稿の恐慌論の全文を掲載して、今の弱点を補うことにしています。

4、そのほかの一連の問題

そのほか、エンゲルスの編集の問題点として新版で解明したいくつかの点を、比較的大きな問題にしぼって、紹介しておきたいと思います。

（一）第二部・拡大再生産の部分の叙述

一つは、第二部の拡大再生産の部分の叙述の問題です。

マルクスは、解決すべき新しい問題にぶつかったとき、解決の方法を見いだすために、問題の入り口を変えたり、道筋を変えたりと、いろいろ試行錯誤をくりかえすことがよくあります。それで結論に到達したときには、試行錯誤で書いたところはそのまま残しておくと読者が混乱しますから、そこは削ってしまって、到達した結論部分をきちんと書くのが普通のやり方でした。『資本論』の草稿にも、そういう部分はあるのです。

第二部第三篇第二一章の「蓄積と拡大再生産」の章では、マルクスが何度も挑戦しては失敗を繰り返し、最後に正しい結論に到達するのですが、現行版では、試行錯誤の失敗の部分が本文としてそのまま編集されてしまって、読者を混乱させる、こういう編集になっています。

マルクスにも失敗があるのだと思って、面白く読む方もいるでしょう。マルクス自身、挑戦に失敗した後では、「これではわれわれはただ堂々めぐりをしているだけ」だなどの自己批判的な文章を書くなど、そういうところが現在の『資本論』に残っていますから、そこを探して読むのも面白いのですが、そこを研究の本論として読んでしまったら困るのです。

そういう点は、今度の新版では、独自に区分をつけて、マルクスの試行錯誤の過程だということがわかるように工夫しました。

（二）信用論での草稿外の文章の混入

それから、マルクスが『資本論』のために書いたものではない文章を、エンゲルスが間違えて入れてしまったというところもあるのです。

マルクスは、『資本論』を書くときにノートの独特の使い方をしまして、本文を執筆するときは、ノートのページを上下に区切って、本文を上半分に書きました。下半分はおそらく「注」などを書き込むために空けておくということだったのでしょう。

一方、同じノートでも、別の用途にノートを使うときには、上下の区分なしにべったり書いてしまうのです。編集のさいに、そこを読み分ければ間違いはないのですけれども、信用論の部分をエンゲルスが編集したときに、その読み分けをしなかった部分がありました。

信用論の草稿には、マルクスが、イギリスの議会の議事録から、いろんなやり取りをそのまま速記して、あとあとの材料のために記録したところがあります。そのときには、上下の区切りなしに全ページを使って書きこみました。その部分をエンゲルスが読んだときに、後々のための資料と思わないで、これも『資本論』そのものの原稿だと思ったのですね。しかし、そのままでは原稿にならないので、文章の順序を入れ替えたり、自分で批評や分析の言葉を書き加えたりして、独自の章をつくる。こうしてつくられた章が、第三部の信用論には何章もあるのです。今ではその事情もわかりましたから、訳注でその区別がわかるようにしています。

実は、第三部の草稿ノートの中には、マルクスがわざわざ「混乱」というタイトルをつけて、イギリス議会の混乱した討論を抜粋した相当大きな部分があるのです。いまの『資本論』では、それが全部、独自の章として編集されています〔＊〕。そういう編集上の問題点も、今度の新版ではわかるようにしました。

＊　第五篇の「第二六章　貨幣資本の蓄積。それが利子率におよぼす影響」の議会報告書の引用部分（新書版⑩七二〇ページ以後）、「第三三章　信用制度下の通流手段」（新書版⑪）、「第三四章〝通貨主義〟と一八四四年のイギリスの銀行立法」（同前）など。

実はマルクスは、「混乱」と題した抜粋をつくった当時、いま議会報告書を読んでいる最中だということを、エンゲルスに手紙で書いていました。一八六五年八月一九日の手紙ですが、ブルジョア陣営の代表者たちは「ナンセンス」な議論をしている、「このごった煮の全部にたいする批判」を、「もっとあとの本」でやるつもりで、材料を集めていると、ちゃんとエンゲルスに報告していました（全集㉛一二四ページ）。エンゲルスがこの部分の編集にあたったのは、この手紙から二〇年くらいたっていますから、そこでのマルクスの説明など忘れてしまって、「ごった煮」全体を『資本論』の本文と思い込んだのでしょう。

この信用論編集は、エンゲルスが、一番苦労したところですが、そういうなかで、『資本論』に入るべきでない草稿が部分的に入り込んでしまったというのは、まぎれもない事実ですから、新版では、そのことを明らかにしました。

（三）未来社会論の取り扱い

最後に、第三部第七篇「第四八章　三位一体的定式」という題のところの問題です。変わった表題ですが、「資本」が利子を生む、「労働」が賃金を生む、「土地所有」が地代を生む――ここに俗流経済学の一番の哲学がありました。それをマルクスが、「三位一体」という言葉で冷やかして批判したのがこの章なのです。

ところがこの章に、未来社会論が入っているのです。この章の最初に近い部分です（新書版⑬一四三二～一四三五ページ）。

私たちは、未来社会について「自由の国」と「必然性の国」という言葉を使って説明します。これは、この章のなかにある「未来社会」論をもとにしたものです。社会のなかの人間の活動をみると、人間の活動には二つの部分がある、社会を維持するための物質的生産に参加する時間、すなわち労働に従事する時間と、それ以外の自分の自由に使える時間です。マルクスは、社会の必要のための労働にあてる時間を「必然性の国」と呼び、自分が自由に使える時間を「自由の国」と呼びます。「自由の国」をたくさんもてばもつほど、人間は自分をも発達させることができるのです。

階級社会では、労働者階級は、「自由の国」をまったくもてないか、本当にわずかしかもてない。しかし、階級差別がなくなった未来社会――社会主義・共産主義の社会では、みんなが平等に労働して、ひとりひとりの労働時間が短くなり、自由に使える時間――「自由の国」をみんなが豊かに持てるようになる、それですべての人間が自分を発達させる可能性と条件を獲得し保障される、そのことが「必然性の国」に反作用して労働時間をさらに短くする、マルクスは、ここで、こういう壮大な未来社会論を展開しました。

この未来社会論が『資本論』のどこにあるかというと、現行版では、「三位一体定式」という俗流経済学批判の章のなかにまぎれこんだような形であったのです。そのために、この未来社会論はなかなか発見されず、長く読み過ごされてきました。

私たちは、二〇〇三〜〇四年の日本共産党綱領の改定の時期に発見して、この未来社会論を党綱領の将来展望のなかに大きく位置づけたのでした。

それまでなぜ発見されなかったのか。それは、この章が、「三位一体的定式」のテーゼの解説に始まり、そのあとにこの未来社会論がなんの意義づけもなしにでてきて、そのあとにまた「三位一体的定式」の俗流経済学批判が延々と続くという編集になっていることに、一つの原因があったと思います。

マルクスのもともとの原文をみると「三位一体的定式」という章の表題を書いてから、すぐ、いちばん最初の部分に、カギ括弧をつけて未来社会論を書いています。マルクスは、『資本論』でものを書くときに、ここで扱っている主題ではないけれども、別の主題でパッと思いついたことがあり、その問題を書きつけるときには、必ずカギ括弧をつけて、その事情をわからせるようにしていました。

ところが、エンゲルスは、この点を見逃してしまったのですね。それでこの章のなかのいろいろな箇所にある「三位一体的定式」にかかわる文書を集めてきて、それをまず頭におく、続く部分に未来社会論をおいて、そのあと再び「三位一体定式」にもどり、この問題での俗流経済学批判の本論を延々と続ける、こういう編集をしたものですから、せっかくの未来社会論が、「三位一体的定式」と俗流経済学批判のなかに埋没してしまい、その意義がとらえにくくなってしまった。マルクス自身は「三位一体的定式」という章の題名を書いたすぐ後に、カギ括弧つきで未来社会論を書いている、そのあとに「三位一体的定式」の本文がきているのですが、エンゲルスはそこを読み違えたのではないでしょうか。

ここは大事な点ですから、新版では編集を少し変えました。エンゲルスが冒頭にもってきた三つの文章をしかるべき位置に移して、冒頭に未来社会論がくるようにし、ここは「三位一体的定式」の一部ではなく、未来社会論を論じた独自の部分だということがわかるように、必要な訳注もつけるという新しい編集にしました。

こういう点はまだほかにもありますけれども、以上が、エンゲルスが苦労した中で、見残したとか、見誤ったとかという問題点としてとりあげて、今度の、新版『資本論』でその解決を示した主だった点であります。

5、新版『資本論』刊行の歴史的な意義

最後ですが、今年は、エンゲルスが第二部を刊行してから一三四年、第三部を刊行してから一

二五年にあたる年です。この間、日本でも世界でも『資本論』の多くの諸版が発行されてきました。しかし、エンゲルスによる編集の内容そのものに検討を加え、残された問題点を解決して、マルクスが到達した理論的立場をより鮮明にする、こういう立場で翻訳・編集した『資本論』の新版の刊行は、これまで世界に例がないものであります。

それだけに、当事者としての責任の重さを痛切に感じています。

私たちは、エンゲルスも十分に読み取る機会と条件がなかった『資本論』成立の歴史が、資料の面でもこれだけ明らかになった現在、この仕事をやりとげることは、マルクス、エンゲルスの事業の継承者としての責任であり、義務であると考えて、この仕事に当たってまいりました。そして、今回、発刊する新版『資本論』は、エンゲルスが、資料も時間も十分にもたないなかでおこなった編集事業の労苦に思いを寄せ、その成果を全面的に生かしながら、『資本論』の執筆者であるマルクスの経済学的到達点をより正確に反映するものになったことを確信しています。

現代の日本で、また広くは現代の世界で、マルクスの理論を指針として社会の進歩と発展に力を尽くそうとする多くの人々が、この新版『資本論』を活用していただくことを心から願って、私の話の結びとするものであります。どうもありがとうございました。(拍手)

(『前衛』二〇一九年一一月号)

『資本論』続巻の編集過程を探索する

エンゲルス書簡から

はじめに

先日、新版『資本論』刊行記念講演会で（二〇一九年九月二〇日）、「『資本論』編集の歴史から見た新版の意義」について話しましたが（本書所載）、その講演の準備にあたって、マルクス死後、その草稿から『資本論』第二部、第三部を編集したエンゲルスの仕事の経過を、詳細に研究しました。長年、『資本論』形成の歴史と取り組み、エンゲルスの役割についても、少なくない言及をしてきた私でしたが、正直に言って、マルクス死後、のこされた遺稿から現行の第二部、第三部をしあげるエンゲルスの編集努力の過程は、私自身、これまで研究の枠外においてきた問題であり、その過程でのエンゲルスの努力には、深く感動を覚えるものがありました。

記念講演では、この問題に限られた時間しかあてられなかったので、エンゲルス論の結びの部分で、「後の機会に、エンゲルスの苦闘の経過をまとめて紹介する仕事を自分の課題としたい」と述べましたが、本稿で、その課題を果たしたいと思います。

正直に言って、この課題のために、現在、その素材として手にすることができるのは、なによりもまず、『資本論』第二部、第三部へのエンゲルスの「序言」とエンゲルス自身が各方面に送った書簡以外にありません。なかでも、エンゲルスの書簡は、この問題をめぐるそのときどきの状況やエンゲルス自身の心情をよくあらわしている貴重なものです。

マルクス、エンゲルスの書簡は、全集の第二七巻から第三九巻までの一三巻に収録されていますが、マルクス死後のエンゲルスの手紙は、そのうち最後の四巻をしめています。そこに収録されているのは、第三六巻（一八八三〜八七年）に三八二通、第三七巻（一八八八〜九〇年）に二五九通、第三八巻（一八九一〜九二年）に二五五通、第三九巻（一八九三〜九五年）に二六六通、合計一一六三通です。

これらの手紙は、多くの読者には、直接触れる機会が少ないと思いますので、この稿では、その手紙を紹介する、というより、エンゲルスの手紙を主役にして必要な解説を不破がおこなうという形で、話を進めてゆきたいと考えています。はじめにそのことのご了解を願うものです。

一、マルクスの諸草稿発見

一八八三年三月一四日、マルクスが死去し、ロンドンのハイゲート墓地での葬儀を終えたのち、エンゲルスはマルクスの文献的遺産・遺稿の整理に取りかかりました。そこで、エンゲルスの頭をなによりも強く占めていたのは、『資本論』第二部、第三部の遺稿が存在するかどうか、

ます。

という問題でした。

遺稿は四月早々に発見されました。エンゲルスは、そのことを、各方面に手紙で書き送っています。

一八八三年四月二日　ラヴローフへ〔＊1〕「『資本の流通』と第三部『総過程の総姿容』との草稿を見つけました。――二つ折り判で約一〇〇〇ページです。この草稿が現在のままの状態で印刷に出せるかどうか、を今から言うことは、不可能です。どのみち私はそれを清書しなければならないでしょう。というのは、それは最初の草案だからです。近いうちに、モール［マルクスのこと――不破］がわれわれに残した全手稿に目を通すためにいくらかの時間を費やすときがきっとくるでしょう。なによりもまず問題なのは、彼がいつも書き上げようとしていた弁証法の概要〔＊2〕です。しかし、彼はいつでも彼の仕事の状態を、われわれに隠していました。彼は、もし自分の用意したものがだれかの耳にはいってしまうと、彼がその公表に同意するまでは、絶えずせっつかれるだろう、ということを知っていたのです」（『書簡選集・中』二五三ページ、『全集』㊱三ページ）。

＊1　**ラヴローフ**、ピョートル・ラヴローヴィチ（一八二三～一九〇〇）　ロシアの社会学者で政論家。ナロードニキの理論家の一人で、国際労働者協会員。一八七〇年以後、亡命生活を送り、パリ・コミューン（一八七一年）に参加。そのころからマルクス、エンゲルス

との文通が始まっていた。

＊2　**弁証法の概要**　マルクスは、生前、弁証法についての著作を書きたいという意向を、いろいろな機会に表明していた。ここで紹介する二つの手紙は、文書として残った発言だが、エンゲルスとのあいだでは、当然、このことが幾度も話題になったであろうことが推察される。

「問題を論じる方法の点では、ほんの偶然のことから……ヘーゲルの『論理学』をもう一度ぱらぱらめくってみたのが、大いに役に立った。もしいつかまたそんな仕事をする暇でもできたら、ヘーゲルが発見はしたが、同時に神秘化してしまったその方法における合理的なものを、印刷ボーゲン二枚か三枚で、普通の人間の頭にわかるようにしてやりたいものだが」（マルクスからエンゲルスへ　一八五八年一月一四日　『新メガ』による［全集版は「一六日ごろ」としていた］（『書簡選集・上』一一三ページ　全集㉙二〇六ページ）

「経済的な重荷［『資本論』の完成のこと――不破］を首尾よくおろせたら、『弁証法』の本を書くつもりです。弁証法の正しい諸法則はすでにヘーゲルにちゃんと出てはいます、ただし神秘的な形態で。肝心なのは、この形態をはぎ取ることなのです」（マルクスからヨーゼフ・ディーツゲン［ドイツの労働者で哲学者］へ　一八六八年五月九日　『書簡選集・中』五一ページ、全集㉜四五〇ページ）。

四月一一日　ニーウェンホイスへ〔＊1〕「マルクスは『資本論』第二部〔＊2〕のための厚い原稿を残しましたが、まずこれを一通り全部読んでみないことには（しかもなんともひどい筆跡です！）、それがどの程度まで印刷できるのか、どの程度まであとのノートから補充する必要があるのか、なんとも言えないのです。いずれにしても、肝心なのは、あるということです。しかし、まだそれ以上はっきりしたことはなにも言えませんので、さしあたりはこの件で新聞にはなにも載せないようにしてください」（全集㊱六ページ）

＊1　**ニーウェンホイス**、フェルディナント・ドメラ（一八四六～一九一九）オランダの労働運動の代表者。一八八〇年代初めからマルクス、エンゲルスと文通があったが、九〇年代以後は無政府主義に転向した。

＊2　**『資本論』第二部**　マルクスが、『資本論』第一巻を公刊したさい、「序言」に書いた構想では、その構成はつぎのようになっていた。

第一巻　資本の生産過程（第一部）

第二巻　資本の流通過程（第二部）と総過程の諸姿容（第三部）

第三巻　理論の歴史（第四部）（新版①一五ページ、〔I〕一七ページ）

マルクスの死後、エンゲルスが残された草稿を点検したうえで、出版社のマイスナーと協議し、第二部と第三部を別個の巻として刊行することを決めた（一八八四年三月）。
　エンゲルスの書簡での表現では、この決定以前の時期には、マルクスの最初の構想通り、「第二部」または「第二巻」の表現が、第二部と第三部をあわせたものをさし、八四年三月以後は、現行の第二部そのものをさすようになるので、注意して読む必要がある。

四月一四日　ベルンシュタインへ〔＊〕「『資本論』の第二巻はここにあります。――しかし、どんな状態かということは、一〇〇〇ページの原稿を通読してみないことには、なんとも言えません。ですが、まだ新聞にはなにも載せないでください」（全集㊱七ページ）。
　＊　**ベルンシュタイン**、エードゥアルト（一八五〇～一九三二）　ドイツの社会民主労働者党員で、一八八〇年一二月にマルクス、エンゲルスと知り合い、常時文通を交わす仲となった。一八八一～九〇年、党の中央機関紙『ゾチアール・デモクラート（社会民主主義者）』の編集者。エンゲルス死後の一八九六年、修正主義に公然と転向し、ドイツでも国際舞台でも、日和見主義的潮流の代表者として行動した。

四月二四日　ゾルゲへ〔＊1〕「著作の仕事（『資本論』第一巻の第三版、第二巻の刊行、この第二巻の原稿は見つかったが、どの程度印刷可能になっていて、どの程度補充が必要なのか、まだわからない、膨大な量の文通にもとづく伝記［マルクスの――不破］、等々）が自由時間をすべて奪いとってしまうし、おまけにトゥッシ［＊2］はものを書く約束を山ほどかたづけなければならない」（全集㊱一四ページ）。

＊1　**ゾルゲ、**フリードリヒ・アードルフ（一八二八～一九〇六）　マルクスとエンゲルスの親友で、国際労働運動の指導的代表者。一八四八～四九年のドイツ革命の敗北後、一八五二年にアメリカに亡命。国際労働者協会の活動の時期には、一八六七年、アメリカにその支部を作って活動、協会総評議会がニューヨークに移転して以後は、その書記長として活動した。

＊2　**トゥッシ**　トゥッシは愛称で、正式には、エリナー・マルクス（一八五五～九八）。マルクスの末娘。一八八四年にエドワード・エーヴリング（一八五一―九八）と結婚した。

エンゲルスは、草稿を発見した当初は、『資本論』編集の仕事は、一年ほどでやりきれるつもりでいたようで、一八八三年四月、年来の同志ベーベル〔＊〕にあてた手紙では、マルクスの業績の記録に関連する膨大な仕事の一覧を書き送っています。

四月三〇日　ベーベルへ　「いまや六三歳にもなる僕が、自分自身の仕事を肩いっぱいに背負いこみ、これから一年目には『資本論』第二巻の仕事をかたづけ、二年目には、四三年から六三年までのドイツ社会主義運動史と六四—七二年のインタナショナル史のほかに、マルクスの伝記を書くつもりでいる。……もちろん、また四八年と四九年みたいなときがくれば、僕だって必要とあればまた馬にも乗ろう。だがいまは——厳密な分業だ。『ゾツィアールデモクラート』〔ドイツの党の中央機関紙——不破〕からさえも、僕はできるだけ手を引かなければならない。あの膨大な文通のことを考えてほしい。以前にはマルクスと僕とのあいだで分けていたのに、一年以上まえからそれを僕ひとりでやらなければならないのだ。それというのも、あらゆる国々からマルクスの書斎へ自発的に集まってきた多くの糸を、僕の力の及ぶかぎり、断ち切らないでおこうと思うからだ。……

第二巻の原稿は一八七三年以前に、おそらくはすでに一八七〇年以前に完成していた。それはドイツ文字で書かれているが、マルクスは一八七三年以降はラテン文字しか使わなかったのだ」（全集㊱一八、一九ページ）。

＊　**ベーベル**、アウグスト（一八四〇〜一九一三）　マルクス、エンゲルスが最も信頼をよせていたドイツの労働運動の指導者。一八七五年、ドイツの党がラサール派との無原則的な合同で新党をつくったとき、マルクスは、信頼できる五人の指導者にあてて、警告と批判の手紙（「ゴータ綱領批判」）を送ったが、ベーベルはそれを受けた一人だった。一八六七年に「北ドイツ連邦議会」の議員となり、一八七一年、ドイツ帝国が成立したのちには、

帝国議会議員として活動した。

ごらんのように、この時点でエンゲルスが立てた仕事計画は、驚くほど巨大なものでした。まず、『資本論』第二巻（第二部と第三部）は、一年目にかたづけてしまう。

続く時期（二年目以後）に、

四三年から六三年のドイツ社会主義運動史、

六四年から七二年のインタナショナル史、

マルクスの伝記、を書く。

その間、これまでマルクスと二人で引き受けていた「あらゆる国々」との文通を継続する。

〝その意気や壮なり〟と言いたいところですが、冒頭に書いた『資本論』の編集――この予定表では「最初の一年目」を当てるはずの仕事が、結局は、エンゲルス晩年のほとんど全期間を必要とすることになってしまうのです。それ以外の題目にはほとんど手を付ける余裕はなく、ベーベルへの書簡でのべた「マルクスの伝記」についても、一八八四年に、ドイツの党機関紙に「マルクスと『新ライン新聞』（一八四八―一八四九年）」という文章（全集㉑一六～二四ページ）を寄稿できただけでした。

『資本論』第二部、第三部の編集というのは、その達成に、エンゲルスのその後の全生涯を必要とする程の、予想をはるかに超える大事業だったのです。

二、最初の発病

書類、手紙、原稿の山と取り組む

エンゲルスは、『資本論』続巻の編集にかかるまえに、マルクスの書斎に山のように積まれた書類の整理に取り組みます。これも、簡単には片付かない「大仕事」だったようです。

各方面に送った手紙のなかから、この「大仕事」でのエンゲルスの奮闘ぶりを紹介しましょう。

一八八三年五月二二日　ベッカーへ〔＊1〕「マルクスの家は来年三月まではわれわれのお荷物です〔＊2〕。というのは、よそに引越すとか先々の計画とかはあまり急がなくてもいいからです。死後に残されたものを整理するのも大仕事なのです。驚いたことに、マルクスは四八年以前に書かれたものまで、ほとんどすべての書類、手紙、原稿を保存していて、これは、僕が当然書くことになる伝記や、とりわけまた『新ライン新聞』や四八―四九年のニーダーライン〔＊3〕における運動の歴史、一八四九―五二年のロンドンの薄汚い亡命者団の歴史、インタナショナルの歴史のための、すばらしい材料になるでしょう」（全集㊱二四～二五ページ）。

＊1　**ベッカー**、ヨハン、フィリップ（一八〇九～八六）　ドイツの労働者。一八四八～四九年のドイツ革命では、バーデン地方の革命軍の総司令官。一八六〇年以後、マルクス、エンゲルスの友人とも同志ともなり、国際労働者協会では創立時から活動をともにした。

＊2　「われわれのお荷物」というのは、自分たちが自由に処理できる、という意味だと思われる。

＊3　**ニーダーライン**　ライン河の下流地方のこと。マルクス、エンゲルスは、一八四八～四九年のドイツ革命当時、この地方の中心都市の一つ、ケルンに拠点を置き、革命的民主主義の機関紙『新ライン新聞』を発行して活動した。

五月二二日　ラウラへ〔＊1〕「最近僕は手紙の整理にかかりきりでした。一八四一年から（というよりむしろ一八三七年に書かれたあなたのおじいさんのマルクス〔＊2〕の手紙から）一八六二年までのきわめて重要な手紙がいっぱいはいった大きな箱があります。……一八六二年以降の手紙は彼が自分できちんと整理していました。しかし、箱や包みや小包や本などがいっぱい詰まっている屋根裏部屋の全秘密を探究するまでには、まだいくらか時間がかかることでしょう」（全集㊱二八ページ）。

＊1　**ラウラ**（・ラファルグ）（一八四五〜一九一一）　マルクスの次女で、一八六八年にフランスのマルクス主義者ポール・ラファルグと結婚し、パリに住んでいた。

＊2　**おじいさんのマルクス**　ハインリヒ・マルクス（一七七七〜一八三八）　カール・マルクスの父。弁護士で後にトリーアの法律顧問官となった。

六月二日　ラウラへ　「モール〔マルクスのこと――不破〕の書類のなかにひと山の原稿を見つけました〔『ドイツ・イデオロギー』など――不破〕。一八四八年以前にわれわれが共同で書いた仕事です」（全集㊱二九ページ）。

六月二九日　ゾルゲへ　「一八四八年以前の資料はほとんど全部残されている。マルクスや僕がその当時仕上げた原稿〔＊1〕はほぼ完全（ネズミにかじられていないかぎり）だし、それに書簡も残っている。もちろん、一八四九年以後のものはすべて完璧だし、一八六二年以後の分については一部整理もすんでいる。インタナショナル関係の非常に詳細な文書資料は、この運動の全史をまとめるのには申し分のないものだと思っているが、まだこまかく眼をとおすにはいたっていない。

数学研究〔＊2〕にかんするノートも三、四冊ある。いつだったか微分計算についてのマルクスの新しい証明の例題を、君のところのアードルフ〔ゾルゲの息子――不破〕に見せたことがある」（全集㊱四一ページ）。

＊1 **当時仕上げた原稿** 『ドイツ・イデオロギー』（一八四五〜四六年執筆、全集③）のこと。

＊2 **数学研究** マルクスは一八六〇年代以後、数学の研究に興味を持ち、とくに一八七八〜一八八二年の時期には、微分学研究の手稿を書き、それをエンゲルスに送って意見を求めたりしていた。エンゲルスの見解は、一八八一年八月一八日付（全集㉟一九〜二〇ページ）及び一八八二年一一月二一日付（同前九二〜九三ページ）に表明されている。

数学についてのマルクスの研究ノートは、日本でも、『カール・マルクス 数学に関する遺稿』（玉木英彦、今野武雄訳著、一九四九年、岩波書店）、『マルクス 数学手稿』（菅原仰訳、一九七三年、大月書店）で紹介されてきた。菅原訳には、〝微分学についての二つの手稿〟、〝論文「微分について」の草稿と補足〟、〝微分学の歴史について〟、〝テイラーの定理とマクローリンの定理、ラグランジュの解析関数〟および、〝手稿「微分学の歴史について」への付録、ダランベールの方法の分析〟が収録されている。

この屋根裏部屋の書類の山のなかには、もちろん、『資本論』の諸草稿も含まれていました。その編集に取りかかるのはずっと先のことになりましたが、エンゲルスは、探索作業の報告のなかで、「第二巻」（第二部と第三部）の編集問題について、いろいろ語り始めます。その主なものを紹介しておきましょう。

五月二二日　ベッカーへ　「さしあたっての問題は『資本論』第二巻を刊行することですが、これはなまやさしいことではないのです。第二部については、草稿が四つか五つあるのですが、そのうち完成しているのは最初のものだけで、あとのは手をつけられたばかりです。一つひとつのことばを慎重に吟味したマルクスのような人の場合、これは骨の折れることでしょう。だが僕にはうれしい仕事です。昔の仲間とまたいっしょにいられるのですからね」（全集㊱二五ページ）。

五月二二日　ラウラへ　「第二巻は僕にとって大変な仕事になるでしょう。――少なくとも第二部は。一八六八年ごろに書かれた完全なテキストがあるけれど、それは下書きでしかないのです。さらに、その後のさまざまな時期に書かれた修正稿が、四つはないにしても、少なくとも三つはあるのですが、そのどれもが完全ではありません。それらのなかから最終的な本文をひとつ選びだすのは骨の折れる仕事になるでしょう！　第三部は一八六九―七〇年以降完結し、その後は一度も手をつけられていません。だが、地代が論じられている箇所では、覚え書、事実、例証にかんして彼のロシア語からの抜き書を参照しなければならないでしょう。ひょっとすると一八五八―六二年の手稿〔＊〕（その最初の部分は一八五九年にベルリンで刊行された）をもとにして第三巻〔のちの第四部『剰余価値学説史』のこと――不破〕の一部だってつくりあげることができるかもしれません。この手稿は各章の終りにそこで論じられた理論的諸問題の批判的歴史をふくんでいます」（全集㊱二七～二八ページ）。

＊　**一八五八―六二年の手稿**　『一八五七～五八年草稿』および『一八六一～六三年草稿』のこと。まだこの時点では、正確な執筆年代が分かっていなかった。「その最初の部分」とは、著作『経済学批判』（一八五九年）を指している。

六月二四日　ラウラへ　「かわいそうなモールが死んでから、トゥッシは僕の問いにたいしてこう答えてくれました。つまり、彼女がモールから聞いたところでは、彼の書いたものはすべてトゥッシと僕とが処理し、公表すべきもの、とくに第二巻と数学研究はこれを公表しなければならない、ということでした」（全集㊱三七ページ）。

六月二九日　ゾルゲへ　「これ〔『資本論』第三版の刊行の仕事――不破〕をすませてしまうまでは、第二巻に手をつけることなど考えられない。はじめから少なくとも四つの草稿がある。つまり、マルクスは何度も手をつけながら、その都度病気のために最終的な校訂にはいたらなかったのだ。一八七八年の日付のある最後の草稿の配列や結びが、一八七〇年以前にできている最初の草稿とどうつながるのか、僕にはまだなんとも言えない。……

もしアメリカやロシアの大量の資料（ロシアの統計資料だけでも二立方メートルを越える）がなかったら、第二巻はもうとっくに印刷されていたことだろう。こうした細目研究が何年も彼を引きとめていたのだ。いつものように、今日にいたるまでの資料が完璧に揃っていなければならなかったのだ。だが、今となっては彼の抜き書のほかはなんの役にも立たない。この抜き書だが、彼の習慣から判断して、おそらく第二巻の注解に利用できる多くの批判的傍注が含まれていることだろう」（全集㊱四一ページ）。

八月三〇日　ベーベルへ　「帰ったら〔＊1〕すぐに本気で第二巻にとりかかるが、大仕事になるだろうね。完全に仕上がった部分もあるが、ただのスケッチもある。ふたつぐらいの章を別にすればすべてが下書きだ。典拠の引用は未整理で乱雑に山積みされており、あとで取捨選択しようと集めるだけ集めたものだ。おまけに、絶対に僕にしか読めない――それも苦労してやっと読める――あの筆跡だよ。どの程度まで仕上がっていたかがこの僕にまで隠されていたのは、いったいどういうわけなのかと君は尋ねる気かい？　答はきわめて簡単だ。もし僕が知っていたら、それが全部でき上がって印刷されてしまうまで、僕は彼に夜も昼も寸時の休息もあたえなかっただろう。そして、マルクスはそれをほかのだれよりもよく知っていた。それだけじゃない、彼は、今は事実となってしまったわけだが、たとえ最悪の事態が起きても、手稿は僕の手で彼の意を体して刊行されうる、ということを承知していたのだ。事実彼はトゥッシにそう言っていた〔＊2〕」（全集㊱五〇ページ）。

＊1　この時、エンゲルスは例年の夏の保養のため、イングランド南部のイーストボーンに滞在していた（八月一七日～九月一四日）。

＊2　トゥッシ（エリナーのこと）へのマルクスのこの言明は、『資本論』第二部への「序言」（エンゲルス）にも紹介されている。この「序言」で、残された諸草稿の説明をした後、エンゲルスは、次のように述べている。

「以上が第二部の材料であって、没する少し前に、マルクスが娘エリナーに言った言葉に従って、それをもとにして私が『いくらかよいものをつくる』ことになっていたのである」（新版⑤一二ページ、〔Ⅱ〕一二ページ）。

保養から帰った後、エンゲルスは、カウツキーとラウラに、いよいよ第二部の編集に取りかかることを予告する手紙を書きました。

九月一八日　カウツキーへ〔＊〕「『資本論』の第二巻のために私はまたひどく多忙になるでしょう。原稿の大部分は一八六八年以前に書かれたもので、ところによってはまったくの下書きなのです。第二部は俗流社会主義者たちをひどく失望させるでしょう。それはほとんどが資本家階級そのものの内部でおこなわれている事象についての厳密に科学的な、きわめて精緻な研究を含んでいるだけで、標語とか演説用のきまり文句をつくり出す材料のようなものはいっさい含まれていないからです」（全集㊱五五ページ）。

＊　**カウツキー**、カール（一八五四〜一九三八）　ドイツの活動家で、一八七〇年代末にマルクス主義者となった。一八八三〜一九一七年にドイツの党の理論機関誌『ノイエ・ツァイト』〔新時代〕の編集者となり、九〇年代には、ドイツでも国際舞台でも社会主義の理論家として活動したが、第一次世界大戦の勃発以後、マルクス主義の敵対者へと転落していった。

九月一九日　ラウラへ　「この仕事〔＊〕がすみしだい、『資本論』の第二巻を始めるつもりです」（全集㊱五六ページ）。

＊ **この仕事**　イギリスの友人サミュエル・ムア（一八三〇ごろ―一九一二）による『資本論』第一巻の英訳を検討し、フランスの社会主義者ガブリエル・ドヴィル（一八五四―一九四〇）によるフランス語の小冊子『資本論』概要の校閲をすること。

一八八三～八四年。最初の発病

ところが、一八八三年一〇月に入って、事態の急変が起きました。エンゲルスは、一〇月初めまでの手紙では、自分の身体を襲ってきた病気について、誰にも、一言も知らせていません。病気についてはじめて書いたのは、あとで紹介するラウラへの手紙（一〇月三日付）でですが、翌年一月末に書いた手紙では、「私は、過去六か月のあいだ活動不能の状態におかれ」と書いていますから（フイッツジェラルドへ　後出）、実際には、八月ごろから身体の異変は起きていた、と見るべきでしょう。

病気の最初の知らせは、一〇月三日付のラウラへの手紙で、その末尾に、ちょっと体調を悪くしているが、たいしたことはない、といった楽観的な調子で、軽く病気にふれられています。

一八八三年一〇月三日　ラウラへ　「ではこれでペンを擱《お》きます。かなり体調はよくなっているものの、もう二、三日はできるだけ安静にするよう言われています」（全集㊱五八～五九ページ）。

しかし、このときエンゲルスを襲った病変は、二、三日の安静でかたづくような、簡単なものではありませんでした。一二日後には、ラウラのところへ、病状報告の第二便がとどきました。ここで初めて、自分をなやましているものが、「長ったらしい厄介《やっかい》な病気」であることが、打ち明けられます。

一〇月一五日　ラウラへ　「このまえはずいぶんそっけない手紙［一〇月三日の手紙のこと——「不破」］を書いてしまいましたね。でも、長いあいだ机に向かうことは禁じられているし、……ひどくぶっきらぼうな手紙に見えたにちがいないのです。許してほしい。

ところで僕はこの長ったらしい厄介な病気を徹底的になおす決心をしました。水曜日［一〇月一〇日——不破］の夜からずっと寝たきりです。こうすれば、病気がいっこうになおらないのは休んでいないで動きまわろうとするからだ、という非難をかわすことができるでしょう。きょうはとても調子がよく、ダンスでもしたい気分です。だが、今がちょうど絶対安静の最も必要とされる時なんでね。だから、寝ているほうが身体に悪い、という状態になるまではベッドから出ないことにしようと思います。なにか思いがけぬことでも起こらぬかぎり、週末までにはすっかり元気になっているでしょう。そんなわけで、僕の健康状態については、これであなたにも満足してもらえると思います」（全集㊱五九ページ）。

「週末」と言えば、四日後のことですが、エンゲルスが襲われた病気は、そんなに簡単なものではありませんでした。四日後どころか、一一月に入っても、エンゲルスは病床を離れることができなかったのです。

一一月八日　ベルンンシュタインへ　「数週間ずっと寝たきりでいます。それ自体としてはたいしたことのない、しかし不快で、放っておいたために長びいているこの病気を完全になおそうというわけです。二、三日もすればまた起きられます。手紙を書かなかったのはそのためです」（全集㊱六一ページ）。

一一月三〇日　ベッカーへ　「僕もたっぷり一カ月ほど寝たきりです。それ自体はたいしたことのないものなんだが、わずらわしくて長ったらしいこの病気を完全になおそうというわけです。だからごく短い手紙しか書けません。完全に寝そべった姿勢しか許されていないんでね。でも、またすぐに床を上げて、山積みになった仕事がやれるようになるでしょう。…さてまた仰向けに寝なければ。友よ、ごきげんよう」（全集㊱六五～六六ページ）。

一二月一三日　ラウラへ　「あなたに手紙を書くのは、もう『床を離れて元気にやってるよ』と言えるようになってからのはずだったが。養生のために（むしろ不養生のためというべきか）ベッドに寝ついてからきょうで八週間になります。概して気分はいいし、ただ用心のために寝ているだけなんですが、でもまだまだこの足を本来の目的に使うにはほど遠い状態です。この哀れな『下半身の末端』――上品なことばでいえばこうなる――は、ひどくちぢかんでしまいました。それに、これもまた困ったことだが、『そのうしろの方』の中身がほとんど残っていないのです。いちばん始末の悪いのは、こうして仰向けに寝そべっているときだけがとても楽だということです。こんな無理な姿勢で手紙を書かなければならないために、すぐに疲れてしまう。だから、簡単な手紙になったり回数が減ったりしてもかんべんしてほしいのです」（全集㊱六七ページ）。

こうした寝たきりの状態から抜け出して、短時間でも机に向かうことが許されるようになったのは、年を越して、一八八四年の一月も後半に入ってからでした。

一八八四年一月一八日　ベーベルへ　「やっと一日に少なくとも一、二時間は机について、文通の義務を果たせるところまで回復した。病気は重大なものではなく、苦痛もなかったのだが、おそろしく長びいて、うんざりさせられた。まだしばらくはよほど気をつけなければならないだろう」（全集㊱七七ページ）。

一月二六〜二八日　フィッツジェラルドへ〔＊〕「〔寄稿の依頼を断ったうえで――不破〕私は、過去六か月のあいだ活動不能の状態におかれ、いまようやく、亡友マルクスの遺稿を印刷にまわす準備をするという最も緊急な任務を果たすのに必要な体力を、徐々に回復しつつあるところです。こういうわけで、私は、自分の全時間をそれにささげなければならないのです」（全集㊱八一ページ）。

＊　フィッツジェラルドは、イギリスの社会民主連盟の副書記で、新たに創刊された週刊紙『ジャスティス』へ寄稿をたのんできた。それへの断りの手紙。

エンゲルスは、突然自分を襲った病気について、どの手紙でも、極力軽い調子で書いていますが、六カ月もの長期間、「活動不能の状態」におかれたということは、この病気が実際にはそんなに軽い扱いのできるものではなかったことを、物語っています。事実、この病気は、一八八三〜八四年の一回だけではなく、その後も繰り返し起こって、エンゲルスを悩ませるのでした。

三、『家族、私有財産および国家の起源』の執筆

第二部草稿への取り組み準備を始めたが……

健康をある程度まで回復したエンゲルスは、一八八四年一月、ふたたび、マルクスの屋根裏部屋の書類の山との格闘に復帰しました。書簡では、『資本論』続刊の草稿への言及が多くなってきます。

一八八四年一月二八日　ラヴローフへ　「いま私は、――やっと健康状態がそれを許すようになったので――マルクスが残した書籍などの整理をしているところです。……

この第二巻〔『資本論』〕については、私はようやくはっきり見当がつきかけました。第二部、資本の流通のためには、最も重要な部分、つまり初めと終わりについて、一八七五年以後に書かれた一つの草稿があります。そこでは、あたえられている指示にしたがって、引用の注

をつけるだけでよいでしょう。中間の部分については、一八七〇年以前に書かれた異稿がじつに四つあります。これが唯一の困難です。第三部、全体として見た資本主義的生産は、一八六九年以前に書かれた二つの異文のかたちで存在しています。それ以後のものとしては、いくつかの覚え書と、剰余価値率の利潤率への転化のさまざまな比率を計算するための等式を書きこんだまる一冊のノートとがあるだけです。しかし、ロシアや、またアメリカ合衆国についての書物からの抜き書には、地代についてのたくさんの材料や覚え書がふくまれており、ほかに貨幣資本、信用、信用手段としての紙幣等々にかんする抜き書もあります。それらを第三部のためにどう利用できるか、まだ言うことができません。おそらく、それらをまとめて別個の一冊の出版物とするほうがよいでしょう。もし、それらを『資本論』に取りいれることがあまりに困難なようであれば、きっとそうすることになりましょう。私にとってなによりもたいせつなことは、この本ができるだけ早く出ることであり、次には、とりわけ、私の公刊するものがまさしくマルクスの著作であることです」（全集㊱八四〜八六ページ）。

二月五日　ラヴローフへ　「ああ——この第二巻！　わが老友よ、これがどんなに私をせきたてているか、わかっていただけたら！　しかも、六か月というものを、私はいまいましい病気のおかげでむだにしてしまったのです。そのうえ、三月中旬よりまえには、まだ本式に取りかかれないでしょう。それまでにこれらの書物や、書類や、定期刊行物などをすっかり整理してしまわなければならないのです。――それに、私は、一日に数時間しかこの仕事をすることができません。でないと、疲れすぎてしまうのです。この筆跡や、単語や文のこれらの略記法を解読できるのは、生きている人間のなかで、私ひとりなのですから、それだけにこれはなおさら私をせきたてるのです。いくつかの分冊にして出版するという件について言えば、これはある程度まで出版の都合と、それからドイツの法律〔＊1〕とにかかっていることです。……

　マルクスの全集の刊行についても、同じ困難があります。しかも、それは、克服されるべき数多くの困難のひとつでしかないのです。私は、一八四五年から四八年までに書かれたマルクスと私の旧稿〔＊2〕を、六〇ボーゲン分ほど（各一六印刷ページの）もっています。このすべてのうち、刊行できるのはその抜粋だけでしょうが、『資本論』第二巻の原稿を完成してしまうまでは、私はそれに取りかかることができません」（全集㊱八九～九〇ページ）。

＊1　**ドイツの法律**　一八七八年一〇月にドイツ帝国議会で採択され、公布された「社会主義取締法」のこと。この弾圧法は、一八九〇年九月に廃止されるまで、社会主義運動を非合法状態におくものだった。

＊2　**旧稿**　マルクスとエンゲルスの若い時代の原稿のこと。『ドイツ・イデオロギー』（一八四五～四六年執筆）もそこに含まれていた。

マルクス「古代社会ノート」発見から『起源』の執筆まで

ところが、エンゲルスは、書類の山との格闘のなかで、二月に、古代社会についてのマルクスの研究ノートを発見しました。それは、アメリカの考古学者モーガン〔＊1〕の著書『古代社会』（一八七七年）の摘要で、一冊の大型ノート九八ページにぎっしりと書き込まれていました（「モーガン『古代社会』摘要」　全集補巻④二五七～四七四ページ）。エンゲルスは、発見してすぐその内容を読み、世界史研究におけるその重大な意義を痛感したのです。そして、読み進めるなかで、マルクスの代行者として、モーガンの研究およびそこからマルクスが引き出した諸結論を一巻の著作〔＊2〕にまとめ上げる決意をかため、そのことを当面の最優先課題としたのでした。

＊1　**モーガン**、ルイス、ヘンリ（一八一八～八一）　アメリカの考古学者、原始社会史の研究者。

＊2　**一巻の著作**　これが、『家族、私有財産および国家の起源』で、エンゲルスは、この著作への「序文」冒頭に、次のように書きました。

「以下の各章は、いわば、遺言の執行なのである。カール・マルクスこそ、モーガンの研究の成果を、彼の――ある限度まではわれわれのといってもよい――唯物論的な歴史研究と関連させて叙述し、そうすることによってはじめてモーガンの研究の成果の全意義を明らかにするつもりでいた人にほかならなかった。なにしろモーガンは、モーガンなりに、アメリカで、マルクスが四〇年前に発見した唯物史観をあらたに発見したのであり、未開と文明を比較するにあたって、この史観にみちびかれて、主要な点でマルクスと同じ結論に到達していたのだから。……私の手もとには、モーガンからの彼の詳しい抜き書きのなかに批判的な評注があるので、とにかくできるかぎりそれを本書に再録することにする」（古典選書『家族・私有財産・国家の起源』一一ページ、全集㉒二七ページ）。

エンゲルスは、この発見を、まずカウツキーに知らせました。

一八八四年二月一六日　カウツキーへ　「社会の原始状態については、決定的な本が、生物学にとってのダーウィンのように決定的な本が、あります。それはもちろんやはりマルクスによって発見されました。モーガン『古代社会』、一八七七年、がそれです。マルクスはこれについて語ったことがありますが、そのとき私の頭はほかの問題で占められていました。そして、彼は再びその話には立ち帰らなかったのですが、それが彼の気に入っていたことは確かです。というのは、私が彼の非常に詳しい抜き書きから見るところでは、彼自身その本をドイツ人に紹介しようと思っていたほどだからです。モーガンは、マルクスの唯物史観を、自分の対象によって画された限界のなかで独立に新しく発見しました。そして、今日の社会については直接に共産主義的な諸要請をもって結びとしています。ローマやギリシアの氏族がはじめて未開人ことにアメリカン・インディアンの氏族によって解明され、したがってまた原始史のための確固たる地盤が発見されています。もし私に時間があれば、この材料を、マルクスの覚え書きといっしょに「ゾツィアールデモクラート」の読物欄か「ノイエ・ツァイト」のために編集してみたいのですが、それは望めそうもありません。タイラーやラボック〔＊〕の仲間の妄論は、そのたわごとが族内婚とか族外観とかその他なんと呼ばれようとも、決定的にやっつけられています」（『書簡選集・中』二七二～二七三ページ、全集㊱九九―一〇〇ページ）。

＊　**タイラー**、エドワード・バーネット（一八三二～一九一七）、**ラボック**、ジョン（一八三四～一九一三）。ともにイギリスの古代史研究者。

三月七日　ゾルゲへ　「モーガン（ルイス・H）著『古代社会』を読んでみたまえ。一八七七年にアメリカで出た本だ。原始時代とその共産主義をみごとに解明している。おのずからマルクスの歴史理論を再発見しており、現代についての共産主義的な結論で結んでいるのだ」（全集㊱一一二ページ）。

この手紙のなかで、エンゲルスは、昨年来の病気からの回復状況について、次のように報告していました。回復したとは言っても、まだ、身体は万全の状況ではなかったのです。

「僕はこの秋と冬のあいだじゅう、重大ではないが、たいへんしつこい長わずらいをして、安静のため二か月間を寝床で過ごさなければならなかったが、やっと本式に仕事をし、手紙の借りを返せるまでに回復した。……

僕はまだ完全に自由に動きまわることができず、散策もごく近いところだけに限られており、それにあちこち使いにだせる人間もいないので、君の依頼をいくらか違った仕方で実行した。君用の『資本論』第三版一部およびドヴィル〔＊〕の『資本論』一部、ふたつの小包にして書籍郵便で君あてに送った。写真も同じようにして送る。……

あと二週間もすれば、僕は、『資本論』第二巻に本式に取りかかることができるだろう。――それはまたたいへんな仕事だが、僕にはそれをやるのが楽しみなのだ」（全集㊱一一〇、一一二ページ）。

＊　**ドヴィル**、ガブリエル（一八五四〜一九四〇）　フランスの社会主義者で、『資本論』第一部の解説書を書いた。

やがてエンゲルスは、モーガン『古代社会』とマルクスの見解を、自分で一書にまとめることを決意します。そのことをカウツキーに知らせ、『ノイエ・ツァイト』への掲載と小冊子刊行の提案をしました。

三月二四日　カウツキーへ　「時間の都合がつけば、君の『ノイエ・ツァイト』のためにそれをまとめてみよう。ただし、君たちにその別刷りを小冊子として出す気があることが、条件である（三ボーゲンぐらいになるだろう）。これは、本来からいえば僕がマルクスにたいして負っている義務であって、それには彼の覚え書［先に紹介したマルクスの『摘要』のこと――不破］を取りいれることができるだろう」（全集㊱一一七ページ）。

こうして、エンゲルスは、三月下旬から、『家族、私有財産および国家の起源』の執筆という「荒仕事」（三月三一日のラウラへの手紙のなかでの表現）にとりかかりました。

この仕事は五月二六日に完了しましたから、まさに、二カ月という短期間に書き上げたわけで、そのスピードは、エンゲルスならではの「荒仕事」だったと言えるでしょう。

しかし、この「荒仕事」は、次の段階でエンゲルスの体調悪化という結果をもたらしたのでした。

四、第二部の編集経過を見る

第二部と第三部を別個の巻に分ける

エンゲルスは、一八八四年三月下旬に、『資本論』続巻の今後の発行計画について、第二部と第三部を別個の巻として刊行することで、合意を得ていました（三月二四日付のカウツキーへの手紙および三月三一日付のラウラへの手紙、全集㊱一一七～一一九ページ参照）。

五月末からは、いよいよ『資本論』第二部への本格的な取り組みが始まるのですが、ここで、それに先立つ時期に書いた二つの手紙を紹介しておきます。

一八八四年五月二三日　カウツキーへ　「〔『起源』の——不破〕最終章をかたづけ、そのほか家のなかのさまざまな事柄——書物等々——の整理をすませしだい、『資本論』第二巻にとりかかる——これは昼間のことだ。夜は、まず第一に君たちの『哲学の貧困』〔＊〕の校閲をやり、それへの注や序文を書く。こういうふうに分けるのは、有益だというばかりでなく、絶対に必要なのだ。というのは、マルクスの書いたものを燈火のもとで長時間調べることは、わざわざ盲《めしい》になるつもりでもなければ、できないことだからである」（全集㊱一三四ページ）。

＊『哲学の貧困』 これは、マルクスが一八四七年に刊行した著作だが、批判の対象であるプルードンがフランスの著作家だったから、マルクスはその著作をフランス語で刊行した。マルクスの死後、ドイツ語版の出版が問題になり（訳者はベルンシュタインとカウツキー）、その「序文」執筆から本文の注解、校閲までが、エンゲルスの仕事となった（刊行は一八八五年）。

五月二六日 ラウラへ 「僕はこれから『資本論』第二巻に着手し、日光のあたっているうちはその仕事をし、夜は、手もとに来ていたり、これから来ようとしているさまざまな翻訳の校閲にあてることになりましょう。たったいま書きおえたこの小冊子〔『起源』のこと――不破〕は、ここしばらくのあいだ僕の最後の独自の著作となるでしょう」（全集㊱一四〇ページ）。

この二つの手紙で、エンゲルスは、昼の仕事とともに、当然のこととして、夜の仕事にもふれていることに注意してください。マルクスの草稿を夜読むことだけは警戒していたようですが、そのほかの仕事については、夜でもほとんど警戒なしに当たっていたことがうかがわれます。そのことが次の時期に、たいへん重大な問題になってくるのです。

マルクスの「象形文字」を、口述筆記で読める草稿に

一八八四年五月、いよいよ『資本論』第二部の編集作業の開始という段階に入ります。ただマルクスの草稿は、のちにエンゲルスの口から「象形文字」という言葉が出てくるほど判読困難な筆跡でつづられていますから、編集を開始するためには、この「象形文字」を普通に読める文字に書き換えることが、作業の、必要不可欠な第一段階となってきます。

この問題での、エンゲルスの言葉を聞いてください。

一八八四年六月二〇日　ベッカーへ　「今は、『資本論』の結びの諸巻を印刷できる文章と、読める筆跡とでまとめることが、絶対の必要事なのです。このふたつのことをやれるのは、生きている人間全部のうちで僕だけです。もし僕がそのまえにくたばりでもしたら、これらの手稿を読み解くことは、ほかのだれにもできないでしょう。マルクス自身、もうそれを読めないことがしばしばあったのですが、マルクス夫人と僕には読めたのです。これに反して、手紙は、ほかの者にも読めるように書かれています」（全集㊱一四九ページ）。

エンゲルスは、そのために、アイゼンガルテン〔＊〕という協力者を雇って、エンゲルスがマルクスの草稿を判読して読み上げる、そしてアイゼンガルテンが筆記した草稿をエンゲルスが点検して必要な手直しをする、という口述方式をとることにしました。そして、口述そのものも、エンゲルスの身体の状況を考えて、ソファに横になっておこなうことにしました。

＊ **アイゼンガルテン**、オスカル　ドイツの植字工、社会主義者で、当時、ロンドンに亡命していた。

ここで、いま見た手紙をふくめ、一連の手紙から、その状況を記した部分を紹介しておきましょう。

六月二〇日　ベッカーへ　「残念なことに、僕は君に長い手紙を書くことはできません。僕の特別な健康状態では、長く机に向かっていることは、からだのために悪く、したがって禁じられているからです。僕は、そういうことをやったために、残念なことにまたもや少々体調を悪くしたのです。たくさんの仕事をしなければならなかったのです。しかし、二、三日まえから**また**つとめて横臥《おうが》して安静にしているので、まもなく正常に復するでしょう。いま僕は『資本論』第二巻の口述筆記をやらせており、これまでのところ急ピッチで進行しています。だが、これは難行苦行で、たいへん時間がかかり、ところによっては知恵をしぼらなければなりません。幸いなことに、僕の頭の調子はたいへんよく、完全な活動能力をたもっています。そのことは、まもなく出版される小著『家族、私有財産および国家の起源』が君に証明してくれると思います。ことしの末までに『資本論』第二部も出ると思うし、第三部は来年出るでしょう」（全集㊱一四八ページ）。

六月二一日　カウツキーへ　「あの原稿〔『起源』のこと――不破〕を書きおえたのち、『資本論』の第二巻に取りかかるまでは、僕は、心がせいておちつかなかった。実際にそれに取りかかった。ところで、僕の心づもりでは、君たちの翻訳〔＊1〕と英訳（『資本論』第一巻の）の校閲は、夜やるはずであった。だが、僕は相手方ぬきで勘定をしたのだった。復活祭このかた、僕は猛烈に働いて、日に八時間から一〇時間も机に向かっていることがめずらしくなかったが、そのためにとった姿勢のおかげで、古い疾患が部分的に――今度は、以前のような亜急性の形態ではなく、慢性の状態で――ぶりかえしてしまった。このため、机に向かってすわることが、若干の例外を除いて、またもや禁じられてしまった。そこで、思いきった手段をとった。僕は、原稿を口述筆記させるためにアイゼンガルテンを雇って、今週のはじめから日に一〇時間ないし五時間彼といっしょに奮闘している。そのあいだ、僕はソファに横になっていて、目に見えて（ばかなことばだ、目に見えなんかしない、感じるだけだ）回復しつつあるが、もちろん、徐々にしか回復してゆかない。仕事は、予期した以上にうまくすすんでいる。アイゼンガルテンは知識もあり、勤勉で、喜んでこの仕事をしている。ことに、彼はちょうど第一巻の第三版を勉強中なので、なおさらそうなのだ。ところが、手稿の大部分は、暫定的な基礎原稿をつくるだけのためにも、僕が毎晩口述筆記に手を入れなければならないような状態なのだ。今のところ、このことに僕の自由になる時間の全部がとられてしまっている。だが、じきに事態は改善されると思う。というのは、われわれはいま一八七〇年以前の原福音書〔＊2〕にたどりつきつつあるのだが、そこまでくれば、あとから手を入れる仕事が少なくなるだろうからだ。……

『資本論』の第二部、少なくとも初めの部分は、第一部よりももっと頭をしぼらせることだろう。だが、驚くべくみごとな研究であって、これによって人々は、貨幣とはなにか、資本とはなにかということ、そのほかいろいろなことを、はじめて明らかに知るであろう。

だが、今はまた横にならなければならないときである。それはそうと、局部的な痛みを別にすれば、僕はまったく健康で、頭の調子はすばらしくいい」（全集㊱一五〇、一五一ページ）。

＊1　**君たちの翻訳**　ベルンシュタインとカウツキーによるマルクス『哲学の貧困』のドイツ語訳。

＊2　**一八七〇年以前の原福音書**　『資本論』第二部の年代的に古い草稿という意味だと推測されるが、年代的に合うのは、第一草稿（一八六五年執筆）と第二草稿（一八六八〜七〇年執筆）などになる。福音書はキリストの言行の記録。キリスト教会で正式に認められて

いないものが、原福音書と呼ばれる。

この二つの手紙を読んで気になるのは、口述筆記が「日に一〇時間ないし五時間」も連日続いているということ、さらに、エンゲルスが、アイゼンガルテンの筆記原稿について、「手稿の大部分は、暫定的な基礎原稿をつくるだけのためにも、僕が毎晩口述筆記に手を入れなければならないような状態」だと、言っていることです。エンゲルスは、その作業を「難行苦行」とも呼んでいます。この「難行苦行」は一〇月まで続くことになるのですが、それが、エンゲルスのその後の健康に重大な影響を及ぼしたことは、疑いないことだと思います。

なお、エンゲルスの仕事ぶりですが、手紙に書かれているように、口述作業の進行中に、それ以外の時間、つまり夜の時間を使って、最終稿への編集の仕事を並行してやっていることです。

六月二九日　ベルンシュタインへ　「今は、なによりもまず『資本論』第二巻を完成しなければならない。仕事は順調にすすんでいて、暫定稿は約三分の一できあがっており、日におよそ二分の一印刷ボーゲンか、あるいはそれよりいくらか少ないくらいの割合で進行している。最終の篇（社会的総資本の流通）までくれば、僕が助けてアイゼンガルテンにこの部分について存在している一八七八年の手稿を書き写させることができる。そうなれば、その一方で僕は、すでにできあがっているものの最終稿に取り組む。こうして、あまり長くない期間にそれをかたづけてしまい、それからいちばん重要な第三部に移ろうという寸法だ」（全集㊱一五六～一五七ページ）。

つまり、口述筆記の作業がある程度のところまで進行したら、暫定稿から最終稿を作成する仕事を始めたい、という話です。

エンゲルスは、八月の初めから、保養のためイングランド南部のワージングに滞在するのですが、その留守中、でき上がっていた最終稿の清書をアイゼンガルテンに頼んでいました。九月初めに保養地から帰ってみると、アイゼンガルテンがその清書の仕事を十分にやっていない、そのために計画が狂ったと言って、ベルンシュタインに訴えた次のような手紙がありました。

九月一三日　ベルンシュタインへ　「二週間（おおよそ）まえからこちらに帰っている［ワージングの海岸での滞在から――不破］。留守中に第二部の原稿のできあがった部分を清書しておくはずだったアイゼンガルテンが、半ばは暑さのために怠け、半ばは、たいへんきれいに書きはしたが、はなはだゆっくりと、はなはだわずかしか書いていなかったので、僕はできあがった分をマイスナー［『資本論』を刊行していた出版社の社長――不破］に送る勇気がない。というのは、そのあとを十分急速に提供できないだろうからだ。こういうわけで、急速な公刊ということは、さしあたってだめになった。……

ここで中断しなければならない。僕は今なおごく短時間しか机に向かっていられないのだ。海で冷水浴をしたのだが、それが薬になるよりも、むしろ害になったのだ」（全集㊱一八六～一八七ページ）。

ふたたび病苦に悩む

しかし、一カ月後の一〇月、ベーベルに送った手紙によると、エンゲルスの病苦は短期的な簡単なものではなく、「六月初め」からの長期的で深刻なものだったのでした。「痛みのために運動の自由を奪われる」、「机に向かってすわってものを書くことができない」などの表現は、その苦痛がどんなに深刻なものであったかを端的に示しています。

一八八四年一〇月一一日　ベーベルへ　「僕は、六月初めから、苦痛をおかし、医師の禁止にさからってでなければ、机に向かってすわって、ものを書くことができなかったのだ。ほとんど一年半まえから、僕は、奇妙な、医師たちにもよくわからない痛みのために運動の自由を奪われ、さかんに動きまわるのがならわしであった以前の暮し方からまったく遠ざかり、ことにものを書くことを妨げられてきた。ようやく一〇日ほどまえから、機械的な装置のおかげで、またいくらか自由に動けるようになった。この装置がうまくからだに合うようになれば、まもなくかなりの程度まで以前の僕にかえれるだろうと思っている。いろいろ不便を忍ばなければならなかったことを別とすれば、その他の点では病気はたいして重大なものではなく、たぶん、しだいにすっかりなおるものと思う。

しかし、書くことはできなかったにしても、口述筆記をさせることはできた。――僕は、『資本論』の第二部全体を手稿から口述で書きとらせて、ほとんど全体を印刷にまわせるばかりにした」（全集㊱一九三ページ）。

一〇月一五日 ベッカーへ 「僕の健康のことは、心配しないように。病気は局部的で、ときにはわずらわしくもありましたが、全身的にあとまで影響が残るようなものではけっしてなく、絶対に不治というわけでさえないのです。最悪の場合には、軍務に適しないことになりますが、それでも、おそらく二、三年のうちにはまた馬に乗れるようになるでしょう。四ヵ月このかた僕は書くことはできなかったけれども、口述筆記をさせることはできましたし、『資本論』第二部をかなりの程度仕上げました。……それに、今では、ふたたびいくらか動きまわれるようにしてくれる手段を見つけており、じきにもっとよくなるだろうと思っています」（『書簡選集・中』二八六～二八七ページ、全集㊱一九八ページ）。

この二つの手紙には、共通して、自由に動けるための「機械的な装置」の話が出てきます。手紙の文面からでは、どんな装置であったかはわかりませんが、エンゲルス自身、その後、再び身体の不自由が起こったときにこの「装置」については語らなかったことを考えると、その実際の効果のほどが推量できます。

ベッカーへの手紙は、さらに、マルクスを失ったことへの嘆きへと続きます。

「それよりも、具合のわるいことは、マルクスを失って以来、僕が彼の代理をしなければならないことです。僕は、一生涯、自分に向いたことをやってきました。つまり、第二バイオリンを弾くということで、この点では自分の役割をかなりによくやってきたつもりです。そして、マルクスのようなすばらしい第一バイオリンをもっていることを、僕は喜んでいました。ところが、いま突然に理論上の問題でマルクスの代わりをつとめ、第一バイオリンを弾くことになったのですから、しくじりはまぬかれられません。そして、このことを僕以上に痛感している者はいません。もっと激動的な時期がおとずれしだい、マルクスを失ったことがわれわれにとってどれほどの損失であったかが、いよいよはっきり感じられるでしょう。迅速な行動が要求される任意の瞬間に、彼がつねに正しい判断をくだし、すぐさま決定的な点に攻撃をくわえたあの眼力、それはわれわれのだれひとりもたないものです。平穏な時期には、ときどきは彼よりも僕の考えのほうが正しかったことを事態の成り行きが示したことも、たしかにありましたが、革命的な時機には、彼の判断はほとんど誤りのないものでした」(同前)。

一八八五年二月、第二部の編集が完了する

エンゲルスは、病の苦痛を押して第二部の編集をつづけ、年末には、早くも第三部から第四部の編集の計画まで、語り始めます。

一八八四年一一月一一日　ベルンシュタインへ　「あすは『資本論』第二部、第三篇の非常にやっかいな最終稿に取りかかる。それを終わったら、『農民戦争』の書きかえ〔＊〕のための時間ができると思っている」（全集㊱二一三ページ）。

＊　**『農民戦争』の書きかえ**　『ドイツ農民戦争』は、一六世紀のドイツに起こった農民戦争の歴史を論じたエンゲルスの著作で、『新ライン新聞、政治経済評論』第五・六合併号（一八五〇年一一月）に掲載され、のち一八七〇年、一八七五年にドイツで冊子として出版された。エンゲルスは、八〇年代にドイツ史をさらに研究し、より広範な資料を得て、内容を拡充した改訂版の刊行を準備したが、この計画は実現されなかった。

「僕の『農民戦争』は全面的に書きかえる。これがドイツ史全体の中軸となるのだ。これにも手がかかる。だが、準備段階は完了したも同様だ」（一八八四年一二月三一日　ゾルゲへ　全集㊱二四一ページ）。

一二月三一日　ゾルゲへ　「今では君の健康もよくなったことと思う。僕も同様だ。もっとも、まだ完全にもとの僕ではないが、でもそれに近い状態にある。『資本論』第二部（印刷して約六〇〇ページ）は、一月には印刷にかかるだろう。あと一〇日ぐらいで編集は完了する。そうすれば、あとは清書に手をいれるだけだ。相当に手間がかかった――まとまった原稿が二篇、断片的な原稿が六篇もあったのだ！

なおいくつかの緊急の中間的な仕事をすませてから、つぎに第三部の番だ。これにはふたつの原稿と、数式を書き込んだ一冊のノートとがあり、やはり六〇〇ページから七〇〇ページにはなる。最後に、第四部、『剰余価値についての諸理論』。これは一八五九～六一年のいちばん古い手稿のなかにある。これはまだまったくはっきりせずで、ほかの部分がすべて完成してからでなければ、これに取りかかることはできない。ぎっしり書き込まれた四つ折判で一〇〇〇ページ近くある」（全集㊱二四〇～二四一ページ）。

エンゲルスが、第二部の編集を完了し、原稿の最後の部分を印刷所に送りだしたのは、翌一八八五年二月二三日のことでした。口述筆記の開始からわずかに八カ月、病苦とたたかいながら、驚くほどの短時日で、この仕事をやりとげてしまったのでした。

五、第二部の編集内容と作業結果

エンゲルスは諸草稿をどう編集したか

書簡には、第二部の編集の方法や内容については、ほとんど語られていません。それは、あとで見る第三部の場合とは対照的な様子を見せています。そのスピードと、編集が短期間に完了したことを合わせて考えると、作業が、あとで見る第三部の場合よりも、進めやすかったからではないかと推察されます。

第二部の編集のためには、次の八つの草稿が残されていました（第二部へのエンゲルスの「序言」参照、順序は執筆年次による）。

執筆時期（推定）〔＊〕	篇別の内容	草稿ページ数
第一草稿（一八六五年前半）	第一篇、第二篇、第三篇	一五〇ページ
第三草稿（一八六七年八月末～六八年）		七一ページ

第四草稿（一八六八年）　五八ページ
第二草稿（一八六八年春～七〇年の年央）
　　第一篇、第二篇、第三篇　二〇二ページ
第五草稿（一八七六一〇月～七七年春、同年四月下旬―七月末）　五六ページ
第六草稿（一八七七年一〇月末―一一月）　一七ページ
第七草稿（一八七八年七月、一部八〇年前半）　七ページ
第八草稿（一八七七～八一年）　第三篇　七七ページ

＊**執筆時期の推定**　時期の判定は、新版⑤四三―四五ページによった。

エンゲルスは、第一草稿は編集からはずしましたし、第三草稿は第二部の草稿という性格をもたないもの〔＊〕でしたから、第二部の三つの篇の全体――第一篇（循環論）、第二篇（回転論）、第三篇（再生産論）――にわたる草稿は、第二草稿以外にはありませんでした。また、第四草稿、第五草稿、第六草稿、第七草稿は、ほとんどが、第一篇の異稿――第二草稿第一篇の改稿と位置付けるべきものを中心としました。さらに、第八草稿は、第三篇（再生産論）だけの草稿で、第二草稿ではまだ書かれないままになっていた「蓄積と拡大再生産」の章をエンゲルスが新たに書きくわえたうえに、そこにいたる基礎的な研究部分――「従来の諸叙述」、「単純再生産」の章にも、必要な新たな論点をかなり大幅に書き足したものでした。

＊ **第三草稿**　エンゲルスは、第二部「序言」で、「第三草稿」の内容を、次のように説明している。「第三草稿は、一部分は引用文とマルクスの抜き書き帳への指示とを集めたもの――おもに、第二部、第一篇にかんするもの――からなっており、一部分は個々の論点の論稿、ことに固定資本および流動資本にかんする、また利潤の源泉にかんする、A・スミスの諸命題の批判の論稿からなっている。さらに、剰余価値率と利潤率との関係の叙述もあるが、これは第三部に属するものである。これらの指示は、新たな収穫をほとんどもたらすものではなかった」（新版⑤九ページ、〔Ⅱ〕一一ページ）。

草稿のこうした構成から、おのずから第二部の編集方針は定まってきただろうと、推定されます。

第一篇は、第二、第四、第五、第六の諸草稿から、最も進んだ研究部分を取りいれて、編集することになり、編集結果から見ると、構成はほぼ、第五草稿七六ページ、第七草稿一一ページ、第六草稿一〇ページ、第二草稿二ページ、という構成になりました。

第二篇は、冒頭部分の一〇ページだけを第四草稿からとり、残る一八八ページは第二草稿をそのまま生かす、という編集になりました。

第三篇は、第二草稿と第八草稿の組み合わせで編成しました。章別に組み合わせのページ数だけを紹介しますと、次の通りです。

	第二草稿	第八草稿
「第一八章　緒論」	八ページ	――
「第一九章　対象についての従来の諸叙述」	二ページ	三〇ページ
「第二〇章　単純再生産」	三〇ページ	六五ページ
「第二一章　蓄積と拡大再生産」	一一ページ	三五ページ

「難行苦行」が次の時期の悪条件を生み出した

この編集作業は、諸草稿の選別の的確さといい、組み合わせの見事さといい、文字通りエンゲルスでなければできない大仕事だったと、思います。

ただ、短期間にこれをやってのけただけに、エンゲルスがになった心身の負担は、想像を超えるものがあったと思います。

エンゲルスは、毎日五時間から一〇時間、五カ月にわたって続けた「口述筆記」を、「難行苦行」と表現しましたが、「苦行」はそれだけではすみませんでした。

アイゼンガルテンが筆記した草稿の点検と手直しを、エンゲルスは、毎晩やっていたといいます。それにくわえて、でき上がった草稿から完成稿をつくりあげる編集作業を、エンゲルスは、口述筆記の進行中に早くも開始しましたが、これも大部分は夜の仕事だったでしょう。そのほかにも、この間に多くの手紙を書き、またやむを得ない文筆仕事もくわえてみると、昼間の「難行苦行」にくわえて、エンゲルスは、夜も、多くの仕事をやり続けたのでした。

夜の仕事の条件は、現代とはまったく違っています。エンゲルスは、昼間の日光のもとでの仕事と対比して、「人工の光のもとで」という言葉をよく使っていますが、この「人工の光」とは、今日の電灯の光をさすものではありません。当時、一八八〇年代は、「人工の光」は、ランプとろうそくの時代から「ガス灯」の時代に移っていましたが、「ガス灯」と言っても、電灯とはけた違いに暗いもので、眼をまもるためには、夜の文筆作業は絶対回避すべきものでした。

しかし、エンゲルスは、『資本論』第二部の完成のために、この危険な作業を長期間にわたってやり続けたのです。そのことは、やがて、『資本論』第三部の編集の時期に、エンゲルスの背にたいへんな悪条件を負わせる結果になってきます。この問題は、その時期を検討する章で見てゆくことにしましょう。

六、第一草稿と恐慌の運動論

第一草稿で提起された新しい恐慌論

エンゲルスによる第二部の編集は、短時日に仕上げたにもかかわらず、全体としてはさすがエンゲルスと思わせるみごとなものでした。

ただ、そのうえで指摘される一つの問題点は、『資本論』第一部の執筆・完成に先立つ時期に書かれた第二部の最初の草稿――第一草稿（一八六五年）〔＊〕を、編集の対象からはずしてしまったことでした。

「そのうち［第二部用の、最初の時期に属する四つの草稿のうち、という意味――不破］、一八六五年または一八六七年のものと推定される第一草稿（一五〇ページ）は、現在の区分での第二部の最初の独立の、しかし多かれ少なかれ断片的な論稿である。これからも利用できるものはなかった」（第二部への「序言」 新版⑤九ページ、〔Ⅱ〕一一ページ）。

＊ **第一草稿** この草稿には、次の邦訳版がある。
『資本の流通過程――「資本論」第2部第1稿』（中峯照悦・大谷禎之介他訳、大月書店、一九八二年）。

たしかに、この第一草稿は、マルクスが「資本の流通過程」に正面から取り組んだ、もっとも早い時期の最初の労作であり、エンゲルスが、第二部の編集にあたって、この草稿を利用の対象からはずした意味は、よくわかります。その三年後の一八六八年、つまり『資本論』第一部の執筆・刊行後に書かれた第二草稿では、『資本論』そのものの新しいより発展した構想のもとで、流通過程論が見違えるような充実と発展をとげていたのですから。

　しかし、この第一草稿には、第二部の最初の準備草稿という役割をこえた、重要な理論的意義がありました。それは、マルクスが、この草稿の最初の部分で、資本主義的生産のなかで恐慌が循環的に起こる仕組みを初めて発見したことです。そして、その発見が、『資本論』全体の構想を変革する大きな理論的転換へとつながっていったのでした。

　この発見は、資本の流通そのものを検討する過程で起こりました。

　マルクスは、資本の流通過程を、G—W—Gの繰り返しという定式で研究するのですが、その研究のなかで、資本が生産したWを消費者に売る過程に、銀行が介入したらどうなるだろうか、という疑問がひらめいたのです（「もしも銀行が…」云々。前出『資本の流通過程』三五ページ）。

　そうなれば、Wが消費者の手にとどく前に、資本は自分の商品Wを貨幣に転化し、再生産過程が加速されるではないか。こうして、この過程を通じて、販売が現実の需要から独立化する、そこから、恐慌へと事態が発展するのではないか。

　「〔その場合は、〕ただ、商品あるいは支払手段（手形）が貨幣に転化される時間が先取りされ、それによって、流通過程が短縮され、再生産過程が加速される、等々というだけであろう、――ただ商品の貨幣さなぎ化が先取りされるだけであろう。またこの過程を通じて、販売が現実の需要から独立化し、架空のW―G―Wが現実《レアール》のそれにとってかわることができ、そこから、恐慌が伝播《でんぱ》されうるのである。（過剰生産、等々）」（前出『資本の流通過程』三五ページ）。

マルクスは、それまで、「恐慌＝革命」論に立ち、その恐慌は利潤率低下の法則のもとで起こるという見地を、経済学研究の根本にすえていました〔＊〕。そして、この第二部第一草稿の直前に書いていた『資本論』第三部第三篇（一八六四年後半執筆）でも、その見地の証明に全力を尽くしてきたのでした。しかし、その企ては成功せず、恐慌の必然性の証明に成功しないまま、第三篇の筆を閉じざるをえなかったのです。

＊　**「恐慌＝革命」論**　マルクスとエンゲルスが「恐慌＝革命」論を最初に定式化したのは、一八五〇年一一月に執筆した次の文章です。

「新しい革命は新しい恐慌につづいてのみ起こりうる。しかし新しい革命はまた、恐慌が確実であるように確実である」（「評論〔一八五〇年五―一〇月〕」全集⑦四五〇ページ）。

そして、その後の経済学研究のなかで、リカードウらを悩ませてきた利潤率低下の法則の根拠を発見したとき、「恐慌＝革命」論をこの法則と結びつけたのでした（『五七～五八年草稿』『資本論草稿集』②五五七～五五九ページ、『六一～六三年草稿』同前⑧一四五、一五八ページ）。

その直後に起こった、まったく予想外の角度からの恐慌発生の仕組みの発見です。マルクスの驚きと喜びがいかに大きかったか、それはおそらく、私たちのどんな推測をも超えるものであったことは、間違いないところでしょう。

マルクスは、この問題はしばらく置いて、流通過程論を書き続けますが、それがかなり進んだところで、あらためて、新しい恐慌論の本格的な展開をおこないます（前出『資本の流通過程』四七〜四九ページ）。

そこでは、一つの訂正がありました。「現実の需要」からの「販売」の独立を引き起こすのは、最初に想定した銀行ではなくて、再生産過程への商人の介入だったのでした。

マルクスは、こうした訂正をしたうえで、再生産過程への商人の介入が、どのような経過で、商品の生産を現実の消費からひきはなし、見かけの繁栄のかげで消費を拡大し、最後には恐慌という破局にいたるか——この経過を、きわめてリアルな言葉で、シミュレーション的に再現してみせます。

そこにはさらに、恐慌現象と世界市場との関係、信用制度との関連についても、鋭い理論的指摘がありました。

恐慌の運動論の発見は『資本論』全体の構想を変えた

第一草稿は、全体としては未成熟な草稿でしたが、その過程でマルクスが発見した恐慌論（私はこれを、恐慌の運動論〔＊〕と呼ぶことにしています）は、『資本論』全体の構想を変革する意義をもちました。

＊ **恐慌の運動論** マルクスは、『資本論』のなかで、商品生産と市場経済が生み出す恐慌の可能性（新版①二〇〇〜二〇一ページ、〔Ⅰ〕一二八ページ）および資本主義的生産の利潤第一主義に内在する恐慌の根拠（第三部 新書版⑪八三五ページ、〔Ⅲ〕五〇一ページ）を指摘しています。これに対して、恐慌の運動論は、資本主義的生産のもとで恐慌がどういう仕組みで起こるかを、解明するものです。

第一に、利潤率の低下の法則に恐慌と資本主義的生産様式の没落の根拠を求める従来の「必然的没落」の理論の誤りが、明らかになりました。そして、それにかわって、資本主義の諸矛盾の総体的な発展とともに、次代を担う労働者階級――「資本主義的生産過程そのものの機構によって訓練され結合され組織される労働者階級」（新版④一三三二ページ、〔Ⅰ〕七九一ページ）の革命的成長に視点をおいた新しい「必然的没落」の理論が、『資本論』の主題となることになりました。

第二に、恐慌の運動論は、恐慌が生産過程の内部の矛盾だけから生まれるものではなく、商人の存在や、さらにはその役割を拡大する信用制度が恐慌現象の解明に重要な意義をもつことを明らかにしました。これは、当面の研究課題を「資本一般」にしぼった従来の構想では、恐慌の問題さえ、本格的には扱えないことを、しめすものです。

こうして、恐慌の運動論の発見は、研究の対象を「資本」一本に絞った従来の構想を過去のものとし、賃労働、土地所有を含めた資本主義経済の全体を研究対象とする、『資本論』の新しい構想に道をひらく転換点ともなったのでした。

恐慌の運動論を『資本論』のどこで展開するか

では、マルクスは、恐慌の運動論を、『資本論』のどこで展開するつもりだったのでしょうか。

マルクスは、第二部第一草稿を書いた同じ年（一八六五年）の七月～一二月に、第三部の後半部、第四篇から第七篇までを執筆しましたが、新しい恐慌論は、最初の第四篇の執筆にまず生かされました。

以前は、第四篇は、利潤の分割の具体例として、利潤の商業利潤や利子への分裂を一つの篇で扱う予定でしたが、その構想は根本的に変更され、第四篇の商業資本論と第五篇の利子生み資本論（すなわち銀行と信用の役割の研究）とに分割されました。

そして、新たな第四篇、すなわち商業資本論のなかで、第二部第一草稿で発見した恐慌論を、より具体的に展開しました。その一部だけを紹介しておきましょう。

「与えられたどんな制限も乗り越えてつねに推進されうる再生産過程の巨大な弾力性のもとでは、商人は、生産そのものにはどんな制限も見いださないか、またはせいぜい非常に弾力性のある制限を見いだすだけである。したがってここに、商品の本性に由来するW―GとG―Wとの分離のほかに、架空の需要がつくり出される。商人資本の運動は、その運動の自立化にもかかわらず、流通部面内における産業資本の運動以外のなにものでもない。しかし、商人資本は、その自立化によって、ある限界内では再生産過程の諸制限にはかかわりなく運動するのであり、それゆえ再生産過程をその制限を越えてまでも推進する。内的依存性と外的自立性とは、商人資本をかり立てて、内的な連関が暴力的に、恐慌によって回復される点にまで到達させるのである」（新書版⑨五一五ページ、〔Ⅲ〕三一六ページ）。

これは、そこでの恐慌論の最初の部分ですが、これは、第二部第一草稿で発見した恐慌の運動論の、まぎれもない商人資本版です。

しかし、これは、新しい恐慌論を商業資本の運動に具体化してみせたものであって、運動論の本格的な展開の場ではありません。

その場はやはり、『資本論』第二部、すなわち、資本の流通過程の展開のなかに位置づけられるべきだというのが、マルクスの考えでした。

マルクスは、そのことを、『資本論』第一部公刊（一八六七年）に続く時期に書いた第二部第二草稿（一八六八年春～七〇年の年央執筆）に書き込みました。

マルクスは、第二篇「第一六章　可変資本の回転」の執筆中に、恐慌論についてのスケッチ的な覚え書〔＊1〕を書き込み、その覚え書を「このことは、次の篇《アプシュニット》に属する」〔＊2〕という文章で結んだのです（新版⑥五〇二ページ、〔Ⅱ〕三一八ページ）。「次の篇」とは、現行版の「第三篇　社会的総資本の再生産と流通」のことです。つまり、第三篇のおそらく後半部分を、恐慌論の本格的展開の舞台とするというのが、マルクスの構想だったのでした〔＊3〕。

＊1　この覚え書は、第二草稿の原文では、「注」ではなく、本文にカギ括弧付きで記されていました。

＊2　この覚え書きを『新板　資本論』では、新メガ、第Ⅱ部、第一一巻から新しく訳出して訳注として付している（新版⑥五〇二ページ）。そこでは、この部分は「この話全体は、次の章《カピテル》に属する」となっている。

＊3　この篇にマルクスがつけた原題は、「流通過程と再生産過程との現実的諸条件」でした。この表題なら、この篇に恐慌論の全体を組み入れることは、ごく自然なことになります。

そのさい、第三篇で展開する恐慌論の核心が、第一草稿で発見した恐慌の運動論であることは、その後、一八七〇年代後半にマルクスが執筆した草稿からも、確認することができます。

第二部第一篇の「第二章　生産資本の循環」は、一八七六～七七年執筆の第五草稿を採用した部分ですが、そのなかに、資本の循環に商人が参加する問題を取り上げた一節がありました。マルクスはその文章の最後に「恐慌の考察にさいして重要な一点」という一句を書きつけ（新版⑤一二四ページ、〔Ⅱ〕八〇ページ）、ページの下段に長い「注」を書き込みました。内容は、第一草稿の恐慌の運動論のシミュレーション的展開の部分を転記したものでした。おそらく、第二部の最後の部分で恐慌論を展開する時の心覚えとしての書き込みだったかと推測されますが、マルクスが、一八七七年の時点においても、第一草稿で発見した恐慌の運動論を、第二部の最後に予定していた恐慌論の柱にするつもりでいたことを実証するものです〔＊〕。

＊　エンゲルスは、第二部の編集のさいに、この「注」の意味をくみとれず、本文にとりいれてしまった（新版⑤一二四ページの「すなわち、W′は」から一二五ページ本文最終行まで、〔Ⅱ〕八〇―八一ページ）。そのさい、マルクスの真意を理解しないまま編集したので、マルクスの文意が正確に伝わらない文章となっている（この点は、不破『弁証法観の進化を探る「資本論」とその諸草稿から』（2020年）の第三編第五章で、詳しい解説をおこなったので、ご参照願いたい（「第二部第五草稿――新しい恐慌論の意義づけを明確に」の節、同書二七〇～二七五ページ）。

第二部の執筆は、マルクスの病気のために、一八八一年の時点で第二部第三篇の執筆が中断したため、最後の部分に予定された恐慌論の執筆はついにおこなわれないままに終わりました。それだけに、残された論述から、マルクスの恐慌論の到達点を、より深く、より正確に解明することは、この事業の後継者の担うべき重大な理論的任務のひとつであることを、強調しなければならない、と思います。

七、第三部草稿の口述筆記。眼病の苦悩

口述筆記。感嘆の手紙を各方面に（一八八五年）

一八八五年二月二三日、第二部の原稿の最後の部分を印刷所に送りだしたエンゲルスは、二月末には、早くも、第三部の編集準備に取りかかりました。最初の作業は、例の口述筆記ですが、エンゲルスにとっても、第三部の内容を本格的に読むのはこれが初めてだったようで、口述筆記の進む過程で、驚きをこめた感嘆の言葉が、次々と各方面に送りだされてゆきます。

一八八五年三月八日　ラウラへ　「『資本論』の第三部は読み進んで行くほどにますます壮大になって行く。そして、僕はやっと（後年の原稿で多かれ少なかれ書き直されている七〇ページほどを飛び越えたあとで）五二五ページのうちの二三〇ページまできたところだ。こんなすばらしい諸発見を、こんなに包括的で完全な科学的な革命を頭のなかでやっていた男が、それを二〇年ものあいだ自分だけのものにしておくことができた、ということはほとんど了解できないことだ。というのは、僕が扱っている原稿は、第一巻よりも早くかまたはそれと同じときに書かれたもので、その主要な部分はすでに一八六〇～六二年の旧稿〔＊1〕のなかに含まれているからだ。事実は、第一には第二部（これは彼が最後に書いたもので、一八七〇年以後に彼が携わっていた唯一のものだ）の諸難点が彼を引き止めていた、ということだ。というのは、彼はもちろん彼の三つの巻を正しい順序で公表したいと思っていたからだ。さらには、地代論のためのロシアやアメリカの材料〔＊2〕を旧稿のなかに取り入れて加工しなければならなかったのだろう。そして、おそらくそのことが原稿の分量を旧稿からほとんど倍増させたのだろう」（『書簡選集・下』二九ページ、全集㊱二五九ページ）。

＊1　**第三部草稿の執筆時期**　これは、エンゲルスのこの時点での誤解で、第三部草稿の執筆時期は、第一篇～第三篇が一八六四年前半、第四篇～第七篇は一八六五年後半だった。「一八六〇～六二年の旧稿」というのは、『六一～六三年草稿』をさした言葉だと思うが、「そ

の主要部分」がこの「旧稿」のなかにある、ということも、事実ではない。

＊2 **地代論のためのロシアとアメリカの資料**　このうち、ロシアの資料については、エンゲルスは、第三部への「序言」で、次のように書いている。

「地代にかんするこの篇〔第六篇〕のために、マルクスは七〇年代に、まったく新たな特殊研究をしていた。彼は、一八六一年の『改革』〔いわゆる「農奴解放令」のこと――不破〕以後ロシアで〔その作成が〕必要となった土地所有にかんする統計記録やその他の公刊物――これらはロシアの友人たちによってもっとも望ましい完全さでマルクスの使用に供された――を、数年来、原語で研究し、抜き書きしてきており、この篇を新たに書きなおすさいにそれらを利用するつもりだったのである。ロシアでは、土地所有の形態も農耕生産者の搾取形態も多様であるので、地代にかんする篇では、第一部で産業的賃労働を論じたところでイギリスが演じたのと同じ役割をロシアが演じるはずであった。残念ながら彼は、このプランを遂行できなかった」（新書版⑧一四ページ〔Ⅲ〕一四ページ）。

ここには、アメリカの土地問題についての言及はないが、アメリカの農業問題のどこに関心があったのかは、アメリカ在住の友人たちに送った資料請求の一連の手紙が、参考になるかもしれない。

「ときどき新聞でも送ってもらえるとありがたく思います。とくに合衆国での土地所有ないしは農業の状態にかんする反ブルジョア的なものを見つけ出していただけると、たいへん助かるのですが。第二巻で地代を扱うので、とくにH・ケアリの『調和』を反駁《はんばく》する資料があれば、というところなのです」（一八六八年七月四日　ジークフリート・マイアーへ　全集㉜四五二〜四五三ページ）。

ここに出てくる、ケアリ（一七九三―一八七九）はアメリカの俗流経済学者で、『調和』はその著書『農工商業における利害の調和』（第二版、一八五六年）。マイアーは、一八五二年にアメリカに亡命したドイツの鉱山技師で社会主義者。

「ニューヨークから（もちろん、僕の費用で）、一八七三年から現在までのアメリカの図書目録を送ってもらえないだろうか？　この場合、問題は、（『資本論』第二巻のために）、アメリカの農業や土地所有関係について、さらにまた信用（恐慌、貨幣その他、およびこれに関連した事柄）についてなにか利用できる資料がでているかどうか、自分で調べることにあるのだ」（一八七六年四月四日　ゾルゲへ　全集㉞一四六ページ）。

四月二日　ベッカーへ　「『資本論』第二巻は三分の二ほど印刷され、ほぼ二か月以内に刊行されます。第三巻は仕事がだいぶすすんでいます。最終的な諸結論を含み、しかもすばらしい内容をもつこの第三巻は、経済学をまるまる決定的に変革して、大騒動をひき起こすことでしょう」（全集㊱二六二ページ）。

四月四日　ベーベルへ　「第三巻は作業中。これはとてもすばらしい。旧経済学のこういう変革はじつに古今未曽有のものだ。これによってはじめて、われわれの理論はゆるぎない土台をうる。そしてわれわれはあらゆる方面に無敵の戦線をしくことができるだろう。これが刊行されたら、党内の小ブルジョア根性もふたたび一撃をくらって、思い知ることだろう。というのも、これとともに経済学上の一般問題がまたもや討論の前面に出てくるからだ」（全集㊱二六六ページ）。

四月二三日　ダニエリソーンへ〔＊1〕「今は第三巻にせっせと従事しています。これは、結末をつけて有終の美を成す部分で、第一巻をさえしのぐものになるでしょう。私は原文から口述筆記させていますが、原文は私以外のだれにも絶対判読不可能です。とにかく他人に読めるような原稿にすべて写し終えるまでは、休む暇がないでしょう。これが終われば、最後の編集はゆっくりやれます。この仕事は、原文の未完成状態を考えると、なまやさしいものではないでしょう。しかし、とにかく、これを完成させてもらえなくても、まるきりむだ骨折りにはならないでしょう。そしてまさかのときにはそのまま公刊されうるでしょう。この第三巻は、私がこれまで読んだもののなかでも、いちばん唖然とさせられるもので、著者が自分の手でこれを完了して出版し、それが生み出すはずの効果を目撃するまで生きられなかったことは、まことに遺憾このうえなしです。こういう明確な説明が示されたあとでは、まっこうからの異論はもはや不可能です。いちばんむずかしい諸点が解明されて、まるでたんなる児戯であるかのようにときほごされ、全体系が新しい簡素な姿をとっています。この第三巻は二冊になるかもしれません。この巻のほかに、学説史を取り扱っている古い原稿〔＊2〕がありますが、これもまたかなり多量の労力を必要とするでしょう。こんなわけで、おわかりのとおり、私の両手はいっぱいなのです」（全集㊱二七一～二七二ページ）。

＊1　**ダニエリソーン**、ニコライ・フランツェヴィチ（一八四四～一九一八）ロシアの著述、経済学者。マルクス、エンゲルスと多年にわたって文通。『資本論』三巻をロシア語に翻訳した。八〇年代から九〇年代にかけて、ニコライ・オンの筆名でナロードニキの理論家として活躍、ロシアにおける資本主義発展の前途の問題でレーニンと論争を展開した。この問題では、エンゲルスも、ダニエリソーンの見解にご当人への書簡でたちいった批判を加えていた。エンゲルスからダニエリソーンへ、一八九二年六月八日（全集㊳三一六～三二一ページ）、同九月二二日（同前㊳四〇八～四一七ページ）。

＊2　**古い原稿**　『六一～六三年草稿』中の「剰余価値に関する諸学説」のこと。『資本論草稿集』⑤～⑨所収）。

五月一九日　ポール・ラファルグへ〔＊〕「第三巻については、半分以上口述筆記させましたが、ふたつの篇〔第五篇と第六篇〕はまだだいぶ手間がかかるでしょう。銀行資本と信用にかんする篇は、きちんと整っておらず、かりに僕よりましな人がいてもぎょっとするでしょうが、どうにもしようがありません。今は地代のところにかかっています。すばらしくりっぱなものです。それにしても、これにはまだずいぶん苦労がかかるでしょう。というのも、この原稿は一八六五年執筆のもので、しかもアメリカやロシアの銀行および土地所有に関する一八七〇—七八年の彼の抜粋を研究しなければならないからです。それにその数量も少なくありません。ですから、この第三巻は最小限もう一か年はかかるでしょう」（全集㊱二八三ページ）。

＊　**ポール・ラファルグ**（一八四二～一九一一）　フランスの社会主義者。マルクス、エンゲルスの弟子で戦友。国際労働者協会総評議会の一員として活動。一八六八年、マルクスの次女ラウラと結婚。フランス労働党の創立者の一人。

エンゲルスは、このとき、「最小限もう一か年はかかる」という言葉で、編集の大変さを語ったつもりだったでしょうが、その後の長期にわたった編集過程の現実から見ると、あまりにも楽観的な発言でした。一カ月後の手紙では、表現がしだいに変わってきます。

六月三日　ゾルゲへ　「『資本論』の第二巻はもうすぐ出る。……第二巻は大きな失望をひき起こすだろう。というのは、それはまったく純粋に科学的であって、扇動的なものはあまり含まれていないからだ。これに反して、第三巻は再び雷鳴のように作用するだろう。というのは、そこでは資本主義的生産の全体がはじめて関連のなかで取り扱われて、公認のブルジョア経済学の全体が覆えされるからだ。だが、まだ骨が折れるだろう。今年に入ってからもう半分以上は口述して清書させた。そして、あと四ヵ月ほどでこの最初の作業は終わるだろうと思う。だが、それから本来の編纂作業が始まる。しかも、これは容易なことではない。というのは、最も重要な諸章がかなり雑然としているからだ――これは形式に関してのことだ。だが、きっとでき上がるだろう。ただ時間がかかるだけだ。君にはわかってもらえると思うが、これを仕上げるまでは、ほかのことはすべて放棄しなければならない。だから、手紙を書くのもおろそかになるし、論文を書くことなど思いもよらない」（『書簡選集・下』三〇ページ、全集㊱二九〇ページ）。

六月一五日　ベッカーへ　「僕はあいかわらず『資本論』第三巻の口述筆記にかかりきりです。これはすばらしい著作で、学問的には第一巻をも凌《しの》ぐほどのものです」（全集㊱二九三ページ）。

六月二二日　ベーベルへ　「『資本論』第三巻はだいたい手稿から口述筆記によって読みやすい草稿に写し換えられている。この第一作業は五―六週間のうちにほぼ完了する。そのあとがたいへん困難な最終編集で、これには多大の労苦がかかるだろう。しかし、この巻はすばらしいもので、雷が落ちるような作用を及ぼすだろう」（全集㊱三〇〇～三〇一ページ）。

七月下旬、口述筆記の作業はようやく終わりました。エンゲルスはそのことを各方面に知らせますが、次に紹介するベーベルへの手紙には、第一段階終了の喜びとともに、今後の最終編集の作業の困難さへの予感が率直に語られているので、紹介しておきます。

七月二四日　ベーベルへ　「第三巻の原稿は、やれるかぎりで、口述筆記をすませた。すこしばかり休養して、あらゆる種類の緊急事をかたづけしだい、この秋には最終編集にとりかかることになろう。しかし今はゆうゆうとしている。手稿は今では読みやすい草稿の形で手もとにあって、万一そのうちに僕が消えてなくなっても、最悪の場合はこのままでも印刷できる。そういうことにならないかぎり、僕には休養も休息もなかったのだ。ところで、とても重要な三つの篇〔＊〕、すなわち全体の三分の二の編集は、今後ともものすごく骨が折れる。しかしそれはわかりきっている。これが出版されるとき呼び起こすであろう万歳をば、僕は今からもう楽しみにしている」（全集㊱三〇八ページ）。

＊　**三つの篇**　具体的にどの篇をさすのかは書かれていないが、一八八六年一一月九日のダニエリソーンあての手紙では、「大いに手を加えなければ」ならない諸篇として、剰余価値率の利潤率への転化の計算を含む第一篇、銀行と信用を主題とする第五篇、一八六五年の転換以後、新たに『資本論』の一部に加えられた第六篇・地代論などが具体的に指摘されている（全集㊱四九八～四九九ページ）。

一八八五～八六年の編集作業の空白

第三部の手稿解読は一八八五年七月に終わりました。しかし、第二部の場合とは違って、口述筆記の完了、即最終編集の開始という具合には、ことは進みませんでした。

国際労働運動、とくにドイツの運動は、マルクス死後のこの時期にも発展の歩みを進めましたが、その内部にはさまざまな右翼的潮流も姿を現わし、労働運動の内部に科学的社会主義の世界観を広め、根をおろさせる課題が、いよいよ重要になっていました。

この任務を果たせる人物と言えば、マルクス亡きいま、エンゲルス以外にはいません。エンゲルスが、一八八六年一月から『フォイエルバッハ論』、すなわち『ルートヴィヒ・フォイエルバッハとドイツ古典哲学の終結』の執筆を開始し、ドイツ社会民主党の理論誌『ノイエ・ツァイト』（四月～五月）に連載したのは、この課題にこたえるためでした。この論文は、当のドイツですぐ著作として刊行され、つづいて一連のヨーロッパ諸国でも翻訳・刊行がおこなわれ、科学的社会主義の理論を国際労働運動に広めるうえで、大きな役割を果たしました。

このほか、一八八六年には、さまざまな仕事がエンゲルスの肩にかかってきて、『資本論』第三部への取り組みを不可能にしました。エンゲルスの嘆きの声は、この時期の書簡にあふれていますが、代表的なものの一、二を紹介しておきましょう。

一八八六年一月二九日　ゾルゲへ　「やっとすこし暇ができたので、なにかほかのことで暇を取り上げられないうちに、さっそく君に手紙を書くことにする。……

あるアメリカ婦人が、僕の労働者階級についての著書を〔＊1〕英語に翻訳して、原稿を校閲するようにと送ってきた。……

さらに僕が校訂だけ引き受けているものとしては、一、『ブリュメール一八日』〔＊2〕のフランス語――約三分の一はもうかたづけた。二、マルクスの『賃労働と資本』――イタリア語。三、『家族の起源』〔＊2〕――デンマーク語。四、『宣言』〔＊3〕と『……社会主義の発展』〔＊2〕のデンマーク語。この二冊はもう印刷されているが、まちがいだらけ。五、『家族の起源』のフランス語。六、『社会主義の発展』の英語〔＊4〕。もっと先の方にぼんやり姿を現わしつつあるもの多数。ご覧のとおり、僕はまるで学校の先生になって、宿題をなおしているようだ。しあわせなことといえば、僕の語学の知識がそこまでしかないということだ。そうでもなければ、そのうえロシア語、ポーランド語、スウェーデン語などのがらくたまでしょいこむことになるだろう。しかし、なんとしてもこれは骨の折れる仕事だ——とにかくこうした結構な小物の仕事（少なくとも二から五まで）は、『資本論』第三巻よりあとまわしにされなければならんだろう。第三巻は手稿からの口述筆記がもうできているが、いくつかの最も重要な章では、ただ礎石を集めただけのものがたくさんあり、編集上の仕事を非常にたくさんやらなければならないことだろう。これは僕が楽しみにしているただひとつの仕事だ」（全集㊱三七八ページ）。

＊1　**労働者階級についての著書**　エンゲルスの『イギリスにおける労働者階級の状態』（一八四七年）。

＊2　**『ブリュメール一八日』**　『ルイ・ボナパルトのブリュメール一八日』のこと。マルクスが一八五一〜五二年に執筆し、五二年五月、アメリカのドイツ語雑誌『ディ・レヴォルツィオーン〔革命〕』に発表した著作で、一八四八年革命後、ルイ・ボナパルトが政権を奪取し、帝政を復活させるまでの過程を分析した政治史論（全集⑧所収）。

＊3　**『家族の起源』**　はエンゲルス『家族、私有財産および国家の起源』、**『宣言』**は『共産党宣言』、**『社会主義の発展』**　はエンゲルス『空想から科学への社会主義の発展』の略。

＊4　順序の数字は英語版全集によって訂正。

次も、同じくゾルゲにあてた、なんと八カ月後の手紙です。

九月一六日　ゾルゲへ　「僕は翻訳のこと〔『資本論』第一巻の英語訳――不破〕が終わりしだい――なかでも僕にのしかかっている副業――別の雑用、つまりもろもろの翻訳の手直しを放っぽりだして、ふたたび第三巻にとりかかれるように、もういっさいの新しい雑用を押しつけられぬようにしなくては、と思っている。この巻の口述筆記は終わっているが、しかしそうなるまでは、まるまる六か月のきつい仕事だった。このいまわしい英語版には、ほとんど一年もの時間を食われた。だが、これはどうしても必要だったし、僕は後悔もしていない」（全集㊱四六九ページ）。

数年来の無理が眼病に現われる

エンゲルスが、第二部の口述筆記と編集の時期に、夜の時間を筆記した草稿の点検やその他の仕事に当てていたことは、前に紹介しましたが、この習慣は、第三部の口述筆記のときにも続きました。ドイツの社会民主党の出版関係者シュリューター〔＊〕にあてた次の手紙は、「夜間」におけるエンゲルスの働きぶりがリアルに報告されています。

＊**シュリーター**、ヘルマン（生年不明～一九一九）

一八八五年六月一六日　シュリューターへ　「『資本論』第三巻の口述筆記が未完了のあいだは、私の昼間の時間は一〇時間ないし五時間それに拘束されており、夜間は、訪問客を別としても、ますます積み重なってくる通信をかたづけなければならないばかりでなく、口述筆記させたものに目を通さなければなりません」（全集㊱二九八ページ）。

おそらくこうした無理の積み重ねが、眼に集中的に現われたのでしょう。眼病発生の時期は、書簡の記述からは確定できません。エンゲルス自身の書簡で眼病に触れたのは、次に紹介する一八八七年一月のポール・ラファルグへの手紙が初めてですが、そこで語られている話の調子から言っても、この手紙よりかなり早い時期、おそらくは一八八六年のうちに発症したことは疑いないと思います。そのために、口述筆記は一八八五年のかなり早い時期に終わっていたにもかかわらず、『資本論』第三部の編集作業には手をつけられないまま、一八八七年を迎えたのでした。

一八八七年一月二八日　ポールへ　「やっと僕の眼もいくらかよくなっているが、その間にうずたかくたまってしまった仕事や通信の山を崩せるまでにはなっていません。書くのは日中、明るいときにしかできず、それもぶっ続けというわけにはいかない。しかしせめて晩にかなり読めます」（全集㊱五二六ページ）。

その後、眼病のために『資本論』第三部の仕事ができないという各方面への状況報告が続きます。

二月一二日　ゾルゲへ　「君のからだはよくなったのだろうね。僕の場合も節制が義務になり、しょっちゅうなにかしらちょっとしたからだの具合のおかしいところが出て、それにはおかまいなしというわけにいかず、それがいつもながらの勝手にしやがれという生活態度に食いこんでくる。これにはどんな雑草でもかなわないよ」（全集㊱五三八ページ）。

五月四日　ゾルゲへ　「［ゾルゲの病気の知らせを聞いて――不破］僕のほうも書くのに難渋している、新年来の慢性結膜炎で、読書、とくに書き物を大いにきりつめなければならない、来週は当地でいちばんの眼科医のひとりにみてもらうことになっている」（全集㊱五六九ページ）。

一二月には、例のドイツ社会民主党の出版関係者シュリューターに、自分の眼病の説明をする次のような手紙を送りました。

一二月七日　シュリューターへ　「私は年が明けたら『資本論』第三巻に取りかからなくてはならず、そのために眼を大事にしなければなりません。ですからすでに引き受けたもの以外は、さしあたりなにひとつあなたのためにやってあげられません。……私はいまもあいかわらず一日に数時間しか書きものができず、しかも当地では金でも買えないことの多い昼の光でしかだめで、それでいて手紙書きがうんとあるのです！」（全集㊱六三二ページ）。

この状態は、一八八八年に入っても、なかなか改善されませんでした。

一八八八年一月五日　ダニエリソーンへ　「私の眼はまだ大事にする必要があります。しかしいずれにしても近いうちに、まあ来月には、第三巻の作業を再開できたならと思っています。残念ながらそれを仕上げる時日をまだ約束することはできません」（全集㊲七ページ）。

一月七日　ゾルゲへ　「僕は第三巻を完成するために急がなければならない。しかしいろいろな出来事は僕が事情に通じていることを要求していて、これには多くの時間を、とくに軍事面ではとられる〔＊〕。しかも僕は自分の眼をまだ大事にしなければならないというしまつ。ほんとうに僕が純然たる書斎の学者にもどることができたらなあ！　それでもあれ〔『資本論』第三部のこと――不破〕はすすめなければならない。おそくとも来月にはとりかかる」（全集㊲

一〇ページ)。

＊　**軍事面**　エンゲルスは、当時、プロイセンを中心としたドイツの統一（一八七一年）が実現したのち、ドイツで、その軍事的優位と排外主義が呼び起こしたヨーロッパ規模の軍備拡張競争が史上空前の世界戦争をひき起こすことを真剣に憂慮し、「軍事面」の研究に力を入れていた。実際、一八八七年一二月に執筆した次の文章には、その懸念が次のような強烈な言葉で表現されている。

「最後にプロイセン＝ドイツにとっては、世界戦争、しかもこれまで一度も夢想だにされなかったような広がりと激しさをもつ世界戦争以外の戦争はありえない。八〇〇万ないし一〇〇〇万の兵士たちが、たがいに屠殺しあい、そのさい、イナゴの大軍もこれまでやったことがないほど赤はだかに、ヨーロッパ全体を食いつくすであろう」（「ジーギスムント・ボルクハイムの小冊子『ドイツの狂熱的愛国者たちを回想して。一八〇六―一八〇七年』への序文」）全集21三五七ページ)。

ボルクハイム（一八二五―一八八五）は、ドイツの革命的民主主義者で、一八四八―四九年革命に参加、革命後、ロンドンで生活し、マルクス、エンゲルスと友人関係になった。

一月二三日　シュリューターへ　「(「強力論」〔＊〕送付の日程を約束したあと）ひょっとすると障害になるかもしれない唯一のものは、私の眼でしょう。きっぱりこの悩みをやっかい払いするために、私は眼の治療をするのです――でもそのときは手紙でお知らせします」（全集㊲一五ページ）。

＊「**強力論**」　エンゲルスは、『反デューリング論』第二篇の「強力論」の三つの章に新たに第四章「歴史における強力の役割」を書きくわえて、小冊子を刊行することを計画していた。この計画は、三月に中断となった。（その原稿は、全集㉑に収録されている）

二月七日　ポールへ　「さしあたり、僕は眼の養生をしています。僕の眼は僕のかかりつけの専門医の処置を受けてからは、彼が僕の涙管《るいかん》を切開しなかったのに、快方に向かっています」（全集㊲一六ページ）。

二月二二日　ゾルゲへ　「僕は眼の治療を受けている――眼医者は眼はたいしたことはないが、治療しているあいだは養生する必要があると言っている」（全集㊲一八〜一九ページ）。

四月一一日　ケリーウィシュネウェツキへ　〔＊〕「私は一日に二時間筆をとることを許され

ていますが、それ以上はだめです。かたづけなければならないたくさんの通信があり、二時間の終わりにちょうど調子が出たそのとき、ちょうどそのときに止めなければなりません」(全集㊲四一ページ)。

＊ **ケリーウィシュネウェツキ**、フロレンス(一八五九〜一九三二) アメリカの社会主義者(当時)で、エンゲルスの『イギリスにおける労働者階級の状態』の英訳者。

海外旅行が第三巻編集への復帰の転機に

エンゲルスは、この年の八月〜九月、トゥッシ夫妻、ショルレンマー教授〔＊〕とともに、アメリカ、カナダへの観光旅行をおこないました。ショルレンマーは、ドイツの化学者、マンチェスターの大学の教授、ドイツ社会民主党員で、一八七〇年代からマルクス、エンゲルスと親交があった人物です。

＊ **ショルレンマー**、カール(一八三四〜九二) 七〇年代の初めからマルクス、エンゲルスの親友として活動し、国際労働者協会にも加入していた。一八九〇年にはエンゲルスのノルウェー旅行にも同行。

この旅行は、健康回復のために医者からもすすめられていたもので、エンゲルスは、そのことに大きな期待をもって、リヴァプールからアメリカに向かったのでした。

一八八八年八月九日　ヘルマン・エンゲルスへ〔＊〕「きのうからアメリカへの気ばらしの小旅行に出ている。……僕がこの昔からの計画をこの夏に実現できたのは、たいへん好都合だった。それに、医者からも、この二回にわたるかなり長い船旅と環境の完全な変化とをやってみるよう、強く勧められていたのだ」（全集㊲七〇ページ）。

＊**ヘルマン・エンゲルス**（一八二二〜一九〇五）　エンゲルスの弟。バルメンの工場主で、一八七〇年までエルメン・アンド・エンゲルス商会の共同所有者だった。

この旅行については、旅先からの手紙や遺稿「アメリカ旅行印象記から」（全集㉑）などから、その様子をうかがうことができますが、なによりもエンゲルスの健康の回復には、期待したとおりの役割をはたしたようです。帰国（九月二九日）後の書簡として全集に最初に収められているのは、若い経済学者シュミットへの手紙ですが、そこでは、自分の健康状態について、次のように報告されています。

一〇月八日　シュミットへ〔＊〕「私の眼がもつなら、そしてたぶんもつと思うのですが

――私のアメリカへの気ばらし旅行は、私のからだにはたいへんききめがありました――、第三巻はこの冬には印刷にまわせるまでになり、来年にはこの連中［マルクスを勝手に借用している教授たち――不破］のうえに爆弾のようにおちかかるでしょう。私は、今度こそこれを完成するために、ほかの仕事はみな中止するか、延期するかしてきました。それはほんとうに私をせきたてて、おちつかせないのです。大部分は印刷にまわせるばかりになっているのですが、七つの篇のうち二つか三つが大いに補筆を必要としているのです。とくに、二つの異稿がある第一篇がそうです」（全集㊲八一～八二ページ）。

＊ シュミット、コンラート（一八六三～一九三二）　ドイツの若い経済学者。一時期、エンゲルスと文通関係にあった。

エンゲルス自身のこの言葉どおり、アメリカ旅行は、エンゲルスの健康回復の上で、一定の役割をしたようで、帰国後の一八八八年一〇月～八九年一月に、いよいよ、『資本論』第三巻の最終編集が開始されました。

一〇月には、活動開始の決意を知らせる手紙が、各方面に送られました。一八八六年の口述筆記完了以来、二年近い空白の期間を経ての編集作業開始でした。

一〇月一五日　ダニエリソーンへ　「〔手紙への答えが長く遅れた理由――不破〕それは、第一には、私の視力が弱って、一日に二時間以上机に向かってものを書くことができなくなり、そのため仕事も文通もほとんど完全に放棄せざるをえなかったからですし、第二には、八月から九月にかけてアメリカに旅行したためで、私はいまやっとそこから帰ってきたところなのです。眼はまえよりよくなりましたが、これから第三巻に取り組んで、完成させるところなので、まだあまり酷使しないように用心しなければなりません」（全集㊲八九〜九〇ページ）。

一〇月一七日　カウツキーへ　「僕はいまや第三巻に精力的に取り組まなければならない。それさえなかったなら、君の『ノイエ・ツァイト』のためにアメリカでの僕の見聞についてなにかしらまとめたところだが」（全集㊲九四ページ）。

一〇月二五日　ベーベルへ　「いま僕は『資本論』第三巻に取り組んでいる。僕は眼をまだたいへんたいせつにして、一日に二時間以上はものを書かないようにし、それも昼の日光のもとでなければ書かないようにしなければならない。そこで、文通をはなはだしく制限しなければならないだろう」（全集㊲九七ページ）。

八、第三部の編集に取り組む（一）
――第一篇から第四篇まで――

第二部の場合とはちがって、エンゲルスは、第三部については、書簡のなかでも、編集の過程やその苦労などを、比較的詳しく語っています。また、『資本論』第三部の「序言」のなかでも、編集上の問題点を各篇ごとに説明しています。ここでは、「序言」の記述と書簡での報告とを組み合わせながら、エンゲルスの編集の足取りを再現するという、第二部ではできなかった主題に挑戦してみたいと思います。

まず冒頭の篇です。

第一篇～第四篇の編集に取り組む

一八八八年一一月二四日　ラウラへ　「ちょうどボールに二、三行書こうとしていたところへ、あなたの手紙がきました。僕は、第三部の非常に重要な一章に取り組んでいたのです。モール〔マルクスのこと――不破〕が残した材料はまったく大筋だけなので、僕は全体的に書き変えなければなりませんでした。それに、これは数学的な章なので、非常な注意が必要でした。医者が一日に二回に分けて一時間半ずつしか仕事をするのを許してくれない場合、普通なら二週間でできる仕事が六週間以上もかかります――そこで僕は、それをすっかりすませるまでは、文通のために仕事を中断しない決心をしました。ところで、おもな部分がきょう仕上がったので、……一、二行書いてやれるようになったのです。

この章が最後的にかたづいたなら、また手紙を書きます――ずいぶんたくさん手紙の借りができていますから！」（全集㊲九七～九八ページ）。

一二月四日　ポールへ　「僕はいま第三巻の非常に重要な一章の校訂をすませたところです。これは、マルクスが未完成のままに残した章で、おまけに数学的な章です〔第一篇の第三章「利潤率の剰余価値率にかんする関係」――不破〕。それを終わらせるため、僕はほかの仕事はみな、ことにいっさいの文通を放棄せざるをえませんでした」（全集㊲九九ページ）。

一二月一五日　ゾルゲへ　「第三巻は、僕が考えていた以上に手がかかる。一つの章〔第三章――不破〕は素材をもとにしてすっかり書きなおさなければならなかったし、もう一つの章

［第一篇「第四章　利潤率にたいする回転の影響」――不破］は、表題があるだけで、僕が自分ででっちあげなければならない。けれども、仕事は進行しており、経済学者諸君を大いに驚かせることだろう。僕の眼はまえよりよくなった。また僕は、去年の七月にくらべると、いまでも五歳は若がえっている」（全集㊲一〇二ページ）。

一八八九年一月一〇日　クーゲルマンへ　「第三巻は、ゆっくり進捗している。僕の健康状態は、アメリカへの小旅行でとても調子が良くなっている。しかし眼のほうはまだガタピシしている――軽い慢性結膜炎を起こしているのと、過労に起因する鞏膜《きょうまく》後壁後退による左眼の近視がひどくなっているためだ」（全集㊲一〇九ページ）。

一月一一日　シュミットへ　「第三巻は第一篇（七篇中の）が印刷にまわせるようになっており、現在、第二篇と第三篇にかかっていますが、まもなくこれも終えると思っています。仕事は私が考えていたよりも時間がかかり、また私は眼を大いにいたわってやらなければならない状態です。一二月は霧がものすごかったため、一時、からだの調子が悪くなりましたが、今はまた良くなっています」（全集㊲一一一ページ）。

その一カ月後、エンゲルスは、第四篇の編集が完了したことをラウラに知らせました。

二月一一日　ラウラへ　「『資本論』第三巻第四篇をきのう完了しました——手稿の総立方フィート数の約三分の一です」(全集㊲一二五ページ)。

次はいよいよ最大の難関第五篇ということになったのです。

第三部冒頭部分の内容を知らせたマルクスの手紙（一八六八年）

第三部のこの冒頭部分について語るこれらの手紙を読んですこし奇異に感じるのは、エンゲルスが、もっぱらマルクスの第三章と第四章の難しさについてだけ述べて、これら諸篇の経済学的な意義について、まったく語らないでいることです。

エンゲルスのこの態度は、第三巻の「序言」でのこの部分の紹介（新書版⑧九〜一一ページ、〔Ⅲ〕一一〜一三ページ）にも共通しています〔＊〕。

＊　**エンゲルスの「序言」から**　「序言」では、第三章の難問の解決のために、友人の数学者サミュエル・ムアの力を借りたことが紹介されています。

「第三章のためには、全一連の不完全な数学的な論稿があったが、そのほかに、剰余価値率の利潤率にたいする関係を等式で表わしている、七〇年代のほとんど完全なまるまる一冊のノートもあった。私の友人で第一部の英語訳の大部分をやってくれた人でもあるサミュエル・ムアは、私の代わりにこのノートを整理することを引き受けてくれたが、この仕事には、ケンブリッジ出の老数学者である彼のほうがはるかに有能であった。そこで私は、彼の要約したものから、折にふれ主要草稿を利用しながら、第三章を完成した」（新書版⑧一〇ページ、〔Ⅲ〕一二ページ）。

第三部の冒頭の文章でマルクスが強調しているように、これまでの第一部と第二部で描き出され、研究されたのは、価値が支配する資本主義的生産の世界であり、その世界における資本の姿態でした。これにたいして、第三部では、それとは性格を異にする世界――「それらが社会の表面で、さまざまな資本の相互の行動である競争のなかに、また生産当事者たち自身の日常の意識のなかに現われる形態」が研究の対象となります（新書版⑧四六ページ、〔Ⅲ〕三三ページ）。

第三部の冒頭部分をみんなに紹介するとき、その根本問題――第三部での考察全体の出発点ともなるべきこの問題が、なぜ問題にされないのか。口述筆記の途中に第三部草稿を読みながら、ラウラへの手紙（一八八五年三月五日）やベッカー（同年四月二日）、ゾルゲ（同年六月三日）などへの手紙で、マルクスの新たな発見や新たな分析について、あれだけ興奮して語ったエンゲルスです。そのエンゲルスが、ここで展開されるマルクスの新しい考察に接して、〝発見〟の喜びを感じなかったのか。

これは、第三部「序言」を読むとき、強く感じていた疑問でしたが、やがて一つの事実に思い当たりました。

それは、エンゲルスが、この部分の主要な内容については、早い時期にマルクスから知らされていた、という事実です。

それは、『資本論』第一部刊行の翌年、一八六八年のことです。マルクスが、貨幣価値の変動と利潤率との関係の問題について、「頭に浮かんだこと」を、手紙でエンゲルスに知らせたことがありました（四月二二日、全集㉜五五〜五七ページ）。エンゲルスが、それへの返書で、剰余価値率と利潤率の関係をどうとらえるのか、質問を寄せてきたのです（四月二六日、同前五七〜五八ページ）。これに答えて、マルクスは、第三部の全体を包括する長文の回答を書きました（四月三〇日、同前五九〜六四ページ、『書簡選集・中』四二〜五〇ページ）。

それは、第四篇以後については、ごく簡単なものですが、第一篇〜第三篇の内容については、十分に詳細なものでした。

だから、エンゲルスは、第一篇〜第三篇の基本的な内容については、よくのみ込んだうえで、この部分の編集にあたることができ、編集上の困難をあまり感じることなく、ことを進めることができたのでした。そのことが、友人たちへの手紙の報告での、困難を感じた一点だけの指摘になったのかもしれません〔＊〕。

＊　**後年のエンゲルスの第三部冒頭部分の紹介**　エンゲルスは、一八九四年六月、第三部の編集を完成したとき、印刷中の校正刷りをダニエリソーンに送りました。そのときの、冒頭部分の要旨解説では、第一篇～第四篇の主題が要領よく説明されていました。

「送付された校正刷りのなかに、あなたは、異なる剰余価値率がどのようにして一つの同じ平均利潤率に均等化されるかという問題の解決、利潤率の不断の低下傾向の法則、および商業資本が剰余価値の分配に参加するやり方を見いだすでしょう」（一八九四年六月一日　ダニエリソーンへ　全集㊴二二五ページ）。

「利潤率の傾向的低下の法則」をめぐって

ただ、利潤率の傾向的低下の問題についてだけは、一つの問題が残りました。

マルクスは、この部分について、その手紙に次のように書いたのです。

「Ⅲ　社会の進歩につれての利潤率の低下傾向。これは、すでに、社会的生産力の発展につれての資本構成の変化について第一部で展開されたことからも、明らかだ。これこそは、これまでのすべての経済学を困惑させた難問にたいする最大の勝利の一つなのだ」（全集㉜六二～六三ページ、『書簡選集・中』四八ページ）。

マルクスが、恐慌の運動論を発見して、利潤率の低下を「恐慌＝革命」論に結びつけた従来の見地をのりこえたのは一八六五年のことです。エンゲルスへの手紙はその三年後に書いたものですから、マルクスは、ここで、「恐慌＝革命」論には一切触れないで、問題を、「すべての経済学を困惑させた難問」、すなわち、資本主義の発展とともになぜ利潤率が低下するのかという「難問」を解決したという一点にしぼって、そのことを科学的経済学の「最大の勝利」と意義づけたのでした。

エンゲルスが、マルクスの死後に『資本論』第三部の編集を自分の任務としたとき、マルクスのこの手紙を念頭においたことは間違いないと思いますが、一八六五年以後のマルクスの見解の変化を知らないエンゲルスには、そのニュアンスは読み取れず、おそらく、一八六四年に書かれた第三章の論述の全体を正当化するものとして理解したのではないでしょうか。科学的経済学の歴史のなかに起こった、一つの残念な経過でした。

マルクスの「象形文字」解読法を二人の後輩に伝授

エンゲルスは、第三部の編集に取りかかった最初の段階で、『資本論』の第四部（『剰余価値学説史』のこと）をふくむマルクスの遺稿の処理について、熟慮し始めたようです。自分もすでに七〇歳近く、マルクスの遺稿を解読できる後輩を今のうちに養成しておかないと、自分の死とともに、マルクスの遺稿が歴史のなかにうずもれてしまうことになる、と。

彼の考えでは、マルクス流の「象形文字」を解読する力を会得することは、とくにそのことに適した人物を選び、エンゲルスが直接、解読法を指導・伝授する必要のある難題なのでした。

エンゲルスは、この任務の適任者として、身近に接している同志のなかから、二人の人物——ベルンシュタインとカウツキーを選びました。

二人のうち、カウツキーへのこの任務の依頼の手紙が残っていますが、その手紙を見ると、ベルンシュタイン夫妻はすでに了解済みとあります。おそらく夫妻には口頭で解決したのかもしれません。かなり長い手紙ですから、重要な箇所にしぼって紹介することにします。

一八八九年一月二八日　カウツキーへ　「僕はきょう君に一つの提案をする。これにはエーデ〔ベルンシュタインのこと——不破〕とギーナ〔その妻——不破〕とトゥッシが賛成している。

僕の予想では、僕の眼が常態に復するには、たとえうまくいってもまだ非常に長い期間僕は眼をいたわってやらなければならないだろう。したがって、僕が『資本論』第四部の手稿〔＊1〕を自分でだれかに口述する可能性は、少なくともここ数年はなくなってしまっている。

一方、僕として忘れてならないことは、たんにこの手稿のみならずマルクスの他の手稿をも、僕がいなくても利用できるようにしておくことだ。これが可能になるのは、万一のときに僕の代わりになれる人、またいずれにせよその間に出版にあたって僕の手伝いになれるような人に、僕がこの象形文字みたいな筆跡の読解をたたき込んでおく以外にはない。そしてそのために僕が使えるのは君とエーデだけなのだ。そこで僕は、われわれ三人がこれをするということをまず提案する。……

こういう仕事が問題になるのも結局は、いずれ――僕の生きているあいだには不可能かもしれないが――マルクスと僕の著作の全集版をつくるということが問題になるからで、まさにそのことのために、僕はこのさい必要な配慮をしておきたいのだ。この点についてはトゥッシにも言ってあるが、彼女からもわれわれは可能なかぎりのあらゆる援助を期待できる。君たちふたりにマルクスの筆跡を読めるように僕がしてやれたら、そのときやっと僕の肩の重荷もとれ、重要な任務をなおざりにすることもなくその間僕は眼をいたわることもできるというもの。なんとなれば、そのときにはマルクスの手稿は、少なくとも二人の人間にとって、もはや神秘に包まれた書物ではなくなるからだ。

これまでのところ、僕の計画を知っているのは、レンヒェン〔＊2〕以外にはエーデ夫妻とエーヴリング夫妻〔＊3〕だけだ。もし君が同意してくれれば、君たち以外のだれも事の仔細を知る必要はなくなる」（全集㊲一一八、一一九ページ）。

＊1　**『資本論』第四部の手稿**　『六一～六三年草稿』の中の「剰余価値に関する諸学説」のこと。エンゲルスは、一八八八年に発見して以来、それを『資本論』第四部と呼んできた。マルクスは、『資本論』第一部初版の「序言」（新版①一五ページ、〔I〕一七ページ）で、

この著作の今後の構成を説明したさい、「第四部　理論の歴史」としたが、エンゲルスは、『六一～六三年草稿』中のこの論稿を、その草稿として位置づけたのだった。

＊2　レンヒェン　正式の名称は、ヘレーネ・デームート（一八二三～九〇）。マルクス家の家政婦で忠実な友人。マルクスの死後はエンゲルスの家に住んだ。

＊3　エーヴリング夫妻　エドワード・エーヴリング（一八五一～九八）は、社会主義者の医師で、一八八四年にマルクスの末娘エリナー（通称トゥッシ　一八五五～九八）と結婚した。

エンゲルスは、このことを、その年の七月に、ロシアのダニエリソーンにだけは伝えました。マルクスの遺稿の全体に深い関心をもっているロシアの研究者に、エンゲルスが自分の死後も、後世への有効な保存と伝達の手だてを講じていることを、知っておいてもらいたかったのだと思います。

七月四日　ダニエリソーンへ　「私は、二人の適材に、私に代わって第四巻の手稿から現在の私の眼の状態では口述することがほとんど不可能である部分を、写し取ってもらう手筈《てはず》を整えているところです。この手筈がうまく整えられたら、私は、彼ら二人がこれらの手稿を解読できるように訓練したことにもなるでしょう。現在のところあの手稿は、その筆跡と省略に慣れている私を除けば、だれにとってもまったく謎に包まれた本になっています。彼らが解読できるようになれば、著者のその他の手稿も、私の生死にまったくかかわりなく、いつでも利用できるようになりましょう。これらの手筈もこの秋までには完了するものと思っています」（全集㊲二〇九～二一〇ページ）。

九、中間の時期に

第二インタナショナルの結成

この間、問題の『資本論』第三部のその後の編集は、どうなっていたでしょうか。

一八八九年二月、第四篇の編集完了を、喜んでラウラ・ラファルグに知らせたエンゲルスでしたが、その間に、運動情勢の、喜ぶべきだが予想外の展開があり、エンゲルスを、いやおうなしに『資本論』の仕事から引きはなしたようです。

発端は、フランスとドイツの社会主義運動におこったいくつかの変化でした。

当時、フランスの労働運動では、マルクス主義の立場に立つフランス労働党と、改良主義の立場を旗印にしたポシビリスト派〔＊〕との対立がいよいよ明確になってきましたが、パリでは、ポシビリスト派が結構優勢でした。

＊ポシビリスト派　フランス労働党（一八八〇年創立）内に生まれた右翼的潮流で、改良主義を公然の旗印とし、一八八一年に分裂して独自の党（社会主義労働者連盟）をつくった。

そういう情勢のなかで、一八八八年一〇月～一一月に開かれたフランス労働組合全国大会（ボルドーで開催、この大会ではマルクス主義派が多数を占めていた）が、フランス大革命一〇〇周年を記念して一八八九年にパリで国際労働者大会を開くことを決定したのです。

これは、一八八九年七月の第二インタナショナルの結成に道を開いた重要な決定でしたが、そこにいたる道は、けっしてたんたんたるものではありませんでした。ポシビリスト派も、「社会主義者大会」を開いて同じ時期に国際大会をパリで開くことを決定したのです。こういう事態のなかで、ヨーロッパ諸国の労働運動や社会主義運動の諸組織、なかでも最も大きな力をもっていたドイツの社会民主党がどういう態度をとるかが、大きな問題となりました。ドイツの党の側では、フランスの諸政治勢力の実情について十分な情報をもっていないので、認識の不足から誤った態度をとってしまう恐れもありました。そのとき、エンゲルスあてにリープクネヒト〔＊〕から手紙がきて、国際労働者大会の事前協議をおこなうために、パリとロンドンを訪問するつもりだと言ってきました。

＊　**リープクネヒト**、ヴィルヘルム（一八二六〜一九〇〇）　一八四八〜四九年のドイツ革命に共産主義者同盟員として参加。革命の敗北後、イギリスに亡命し、そこでマルクス、エンゲルスと知り合った。一八六二年にドイツに帰国、国際労働者協会で活動。一八六九年、ドイツ社会民主労働党の創立者の一人となる。一八七五年以後は、ドイツ社会民主党の指導部の一員として活動した。

リープクネヒトの人柄も弱点もよく知っていたエンゲルスは、すぐドイツのベーベルに手紙を書き、情勢の本質的な性格とドイツの党がとるべき態度について、自分の考えを詳しく知らせました。

一八八九年一月五日　ベーベルへ　「パリでは今、大会、あるいは二つの大会――ポシビリストの大会とわれわれの仲間の大会、が問題になっているが、後者のほうは、一一月のボルドーの労働組合大会と今またトロアの社会主義者大会で決議された国際大会だ。ラファルグが今恐れていることは、リープクネヒトがポシビリストの話に乗って、ひょっとすると君たちの党が連中の大会に代表団を派遣するのではないか、ということだ。ラファルグには僕が、そういったことは、僕の考えでは、ドイツの党にとってまったく不可能だ、と書いておいた。ポシビリストはわれわれの仲間、いわゆるマルクス主義者をたたきのめして、我こそは天国に至る唯一の教会なり、という顔をしているのであり、そのうえ、この教会は他の者たち――マルクス主義者やブランキ主義者――との交流や協同をすべて禁止しているのだ。……それに、彼らが強いのはパリにおいてだけで、地方ではゼロだ。……
　地方を支配しているマルクス主義者たちがフランスで排外主義に反対する唯一の政党なのだが、彼らは、ドイツの労働運動に理解を示したために、パリでは人気を落としてしまったのだ。だから、パリで開催される彼らの敵の大会に君たちが代表団を派遣するとすれば、それはみずから自分の頬を殴りつけるに等しい」（全集㊲一〇六～七、一〇八ページ）。

この手紙を手はじめに、エンゲルスは、フランスとドイツのマルクス主義の党が力を合わせ、その協力のもとにパリでの国際大会が成功的に開催されるように、あらゆる手段をつくしました。いま、全集には、その目的のために、エンゲルスが書いた手紙が三十数通収録されていますが〔＊〕、その大部分は、自分たちの成功に疑いをもったり、ドイツの党の態度を不安視したりして動揺するラファルグ夫妻をはげましたりいさめたりする手紙でした。

＊　**エンゲルスの手紙**　全集に収録されているのは限られていますが、エンゲルスは、大会後の一〇月一七日、ドイツの若い経済学者シュミット（一三四ページの注参照）にあてた手紙には、「いまいましいパリ大会のおかげで、世界の諸所方々への多量の通信を背負わされました」

と書いています（全集㊲二五一ページ）。実際には、「世界の諸所方々」に、全集収録数を大きく超える手紙を出していたことが推察されます。

そして、一八八九年七月一四日、国際社会主義労働者大会がパリで開かれました。エンゲルスは、その様子をアメリカにいるゾルゲに報告しています。

七月一七日　ゾルゲへ　「われわれの大会がひらかれて、大成功をおさめている。一昨日までで代議員数が三五八名、なお続々到着中だ。半数以上が外国人、そのうち、大小すべての諸邦およびポーゼン以外の州からきたドイツ人が八一名。……ヨーロッパじゅうが代表を出している」（『書簡選集・下』九一～九二ページ、全集㊲二二四ページ）。

ポシビリストの大会はどうか。エンゲルスはつづけます。

「ポシビリストが獲得している外国人は八〇名。……フランス人が四七七名だが、労働組合の代表は一三六名、社会主義研究諸サークルの代表は七七名にすぎない。つまり、どんな小派閥もそれぞれ三名の代議員を派遣できることになっている。これにたいし、わがほうのフランス人一八〇名は各自がひとつの個別団体を代表しているのだ」（『書簡選集・下』九二ページ、全集㊲二一五ページ)。

「われわれの大会」は、ポシビリストの大会を量的に圧倒しただけではありません。それは、世界の労働運動史に残る歴史的な偉業を成し遂げました。この大会は、労働者運動、社会主義運動の新しい国際組織・第二インタナショナルの結成を宣言したのです。

第二インタナショナルの結成にいたるエンゲルスの活動は、彼自身が表に姿を現わすことのない、いわば内面的な活動でしたが、なかでもドイツの運動とフランスの運動の連携を確実なものとし、それを軸に新しい国際組織の成立に道をひらくという重要な役割をになったものでした。

『資本論』を犠牲にした〝時間の選択〟への嘆き

しかし、その仕事にほとんど三カ月におよぶ長い時間を費やしたことは、『資本論』第三部の完成を最重要の任務としているエンゲルスにとっては、たいへんつらい時間の選択だったようです。

そのことを、たいへん率直な言葉で語った友人たちへの当時の手紙からくみとってください。

一八八九年四月四日　リープクネヒトへ　「〔フランスでの二つの「大会」の問題で――不破〕

僕としては、このようなすべてのわずらわしさのあとに――このひと月というもの、このとんでもない出来事のために第三巻にまったく手をつけられなかった――ともかくなにか現実性のあるものが生まれてくることを期待するのみだ」（全集㊲一五〇ページ）。

ラウラ・ラファルグからは、直接、大会への招待がきたようですが、それに対しても、丁重でユーモラスな、しかしごく納得のゆく理由を挙げた断りの手紙を書いています。

六月一一日　ラウラへ　「まず最初に、大会［パリでの第二インタナショナル創立の大会のこと――不破］のさいル・ペルー［ラファルグ夫妻が住んでいるパリ東部の地域――不破］へ来るようにとの心のこもったご招待にお礼をいいます。しかし、今のところ、この招待に応ずることは延期しなければならないのではないかと思います。僕が原則として行かないことにしているもの、行っても強制されてでなければ行かないものが二つあります。それは大会と博覧会です。あなたがたの『万国博《ワールズ・フェア》』――りっぱなイギリス人の俗語でいえば――の騒ぎと雑踏は、僕にとってはとても魅力どころではなく、また大会からはどうしても離れていなければなりません。大会にかかわり合えば、僕は新しい扇動カンパニアをさせられる羽目になり、さまざまな国の人たちのために、仕事の山を抱えて当地に帰ってこなくてはなりません。そうなれば、二、三年はこれらの仕事で忙殺されるでしょう。こういうことを断わるわけにいかないのが大会というものなのですが、第三巻に日の目を見させようとすれば、僕はどうしても断わらなければならないのです。第三巻は三か月以上も見られなかったけど、休暇をとろうと思っているので、今から始めるのでは遅すぎます。……この夏は静かな海辺で少し休養を、二か月以上もすわなかった葉巻をまたすえるように、体調を整えたいのです」（全集㊲一九八～一九九ページ）。

一一月一六日　ラウラへ　「第一巻第四版は印刷中で、僕は第三巻に戻っています」（全集㊲二六八ページ）。

一〇、第三部の編集に取り組む（二）
——最大の難関・第五篇への挑戦——

エンゲルス、第五篇での苦闘の歴史を語る——第三巻「序言」からこれから第五篇の編集に取り組むエンゲルスの活動を追うことになりますが、これは、エンゲルスにとって、第二部、第三部を編集する仕事全体のなかで、最も時間のかかった苦難の道のりでした。書簡に記されたその道のりを読んでゆくためにも、エンゲルス自身が執筆した第三部「序言」に記された、第五篇編集作業の総括を頭に入れておくことが有益だと思います。ここでその部分の全体をさきに紹介しておくことにします。

これから引用するのは、一つの段落をなす文章ですが、あとあと参照しやすいように、内容に応じて三つに区切り、それぞれに番号をつけることにします〔＊〕。

＊　第五篇と言っても、「利子生み資本」そのものを考察した前半部分（第二一章～第二四章）は編集上の困難はなかったようで、エンゲルス自身の説明も、もっぱら後半部分（第二五章～第三六章）にしぼられています。

（1）「主要な困難をきたしたのは、この第三部全体のなかで実際にもっとも錯綜した対象を扱っている第五篇であった。しかもまさにここでマルクスは、仕上げ中に、前述の重い病変〔＊〕の一つに襲われたのである。したがってここには、でき上がった下書きはなく、でき上がるための概要の輪郭さえもなく、あるのはただ論述の書きはじめだけであり、それも結局は一度ならずメモや論評や抜き書きの形での資料の無秩序な堆積ということになっているのである」（新書版⑧一一ページ、〔Ⅲ〕一二ページ）。

＊　**前述の病変**　エンゲルスは、この「序言」の少し前の部分で、第三部の草稿の執筆中にマルクスを襲った「病変」について、次のように書いている。

「いくつもの個所で、筆跡と叙述は、過度の仕事に起因する病変が突発し、しだいに進行していく様子をあまりにも明瞭に露呈しており、この病変は、著者に、自立的な仕事を行なうことをはじめはしだいに困難にし、ついにはときおりまったく不可能にしたのであった。しかしそれも不思議ではない。一八六三年から一八六七年までのあいだに、マルクスは、『資本論』の最後の二部〔第二部および第三部〕の下書きと第一部の印刷用原稿を作成しただけでなく、さらに国際労働者協会の創立と普及とに結びついた大事業をもなしとげた。しかしまたその結果、すでに一八六四年と一八六五年には健康上の変調の重大な徴候が現われたのであり、マルクスが第二部と第三部とを自分で仕上げなかったのはこのせいである」（新書版⑧八ページ、〔Ⅲ〕一一ページ）。

（2）「最初、私は、第一篇である程度うまくいったように、脱漏を補い、ただ暗示されているだけの断片を仕上げることによって、この篇を完全なものにし、こうしてこの篇が著者の与えようと意図していたものすべてを、せめて近似的に提供しようとした。私はこれを少なくとも三度試みたが、そのつど失敗した。そしてこのために失われた時間が、遅延の主要な原因の一つである。ついに私は、こういうやり方ではうまくいかないことを理解した。こういうやり方では、私はこの領域の膨大な文献のすべてに目を通さなければならなかったであろうし、結局はマルクスの著書ではないものをつくり上げることになったであろう」（新書版⑧一一ページ、〔Ⅲ〕一二～一三ページ）。

（3）「私に残されたのは、ある点では大急ぎで事をかたづけ、現存するものを可能な限り整理することだけに限定し、ただどうしても必要な補足だけをすることしかなかった。こうして私は、一八九三年の春にこの篇のための主要な仕事を終えた」（新書版同前、〔Ⅲ〕一三ページ）。

エンゲルスは、ここで、第五篇への取り組みを、二つの時期に分けて説明しています。

第一の時期は、いかにも未完成の様相を呈している第五篇草稿を、理論的に整理された完全原稿に仕上げようとした段階です。エンゲルスは、そのことを「少なくとも三度試み」て「そのつど失敗した」と語っています。

第二の時期は、その失敗から学んで、理論的、体系的にととのった完全原稿をつくることをあきらめ、編集の任務を、「現存するものを可能なかぎり整理すること」およびそれに「どうしても必要な補足をすること」だけに限定した段階です。これが成功して、現在の第三部第五篇が誕生した、これが作業経過についてのエンゲルスの説明の骨子でした。

第五篇の作業時期のエンゲルスの書簡を読むとき、第五篇という言葉は出てくるのですが、編集作業の内容がわからない時期がかなり長く続く一方で、より後の時期になると、いま第何章に取り組んでいるかなど、作業事情がよく語られる書簡が続くようになります。

私は、「序言」で説明された編集方針の転換を頭に置きながら、書簡を読み返している中で、いま指摘した点に、「序言」の経過説明と書簡の内容との対応関係を読み取るヒントがあるのでは、と考えるようになりました。

そのヒントを頭に置きながら、一八八九～九二年の書簡から、第五篇の編集作業の推移をたどってゆきたいと思います。

インタナショナルの大会は終わったが……

インタナショナル（国際労働者協会）を再建したパリ大会のための活動で、第五篇への取り組みの出鼻をくだかれたエンゲルスは、こういう調子で、しばらくは、愚痴めいた手紙を各方面に送りました。

しかし、その後のインタナショナルの活動は、いろいろの曲折や内部論争はあったものの、発足の二五年後、第一次世界大戦の勃発に当たって多数派が帝国主義戦争支持の立場を取り、社会主義運動の国際組織としての実質的な崩壊にいたるまでは、国際政治の上でも、各国の運動の上でも、意義ある「現実性」を発揮したのでした。その活動は、エンゲルスの「期待」にこたえるものだったと言ってよいでしょう。

一八八九年五月二一日　カウツキーへ　「例のいまいましい大会と、それにまつわる雑用で、僕は三カ月このかた、いっさいの時間が奪いとられてしまった。……

なにはともあれ、あの罰あたりの大会が終わりさえすれば、願ってもないこと。そうなりゃ、あれこれの新聞をやたらに読みあさる必要もなくなるのに。僕は全然他のことができないし、やっとまともな本が読めるようになると、眼は疲れはてて、なにか別のことをやらかすしかない。医者の話だと、僕の眼は全治することはないが、重症ではない。ただ、いつまでも不便なだけ――つまり、読み書きの時間制限だ」（全集㊲一八四、一八八ページ）。

そういいながらも、マルクスの第五篇以後の草稿に目を通し、編集の準備をする仕事はすでに開始していました。その様子は、次のダニエリソーン宛の手紙にもうかがえます。

七月四日　ダニエリソーンへ　「第三巻は、さまざまのやむを得ない事情のため、この三か月間手つかずのままでした。そして、夏はいつでも非常に怠ける季節ですので、九月か一〇月以前にこの仕事を大いにはかどらせる、というわけにもいかないようです。銀行と信用にかんする篇にはかなりの困難さがあります。主要な原理は十分明快に述べられているのですが、全体の関連は、読者が、たとえばトゥック〔＊1〕やフラートン〔＊2〕のようなこの主題を扱った主要文献に十分精通していることを前提にしています。しかしこういうことは一般の読者には期待できませんから、説明のための注などをたくさんつけなければならないでしょう。

……

『地代について』の最後の篇は、私の記憶のかぎりでは、形式上の校訂を必要とするだけでしょう。ですから、銀行と信用の篇がすんでしまえば（全体の三分の一）、最後の三分の一（地代といろいろな収入形態）は長くはかからないでしょう。しかし、最後を飾るこの巻は、たいへんにすばらしいと同時に反論を完全に封じている部分ですから、論証の輪郭全体が明快にくっきり浮き上がるような形に仕上げなければならない、と考えています。しかし手稿の様子から見て――ほんの最初のスケッチだけ、しばしば中断があって、不完全なままなのです――これはそう簡単ではありません」（全集㊲二〇九ページ）。

＊1　**トゥック**、トマス（一七七四～一八五八）　イギリスの経済学者で、銀行学派の代表者。リカードゥの貨幣論を批判した。マルクスはエンゲルスにあてた手紙（一八五八年三月五日）で、「価値ある最後のイギリスの経済学者」（全集㉙二三六ページ）と評価している。

＊2　**フラートン**、ジョン（一七八〇～一八四九）　イギリスの経済学者。貨幣流通と信用にかんする著作がある。

第五篇への編集作業の「第一の時期」が始まった

しかし、一八八九年一〇月になると、いろいろな仕事もかたづき、一二月にはいよいよ編集作業が始まりました。そこにいたる状況を刻々各方面に知らせます。

一八八九年一〇月一七日　シュミットへ　「第三巻には二月以来ちっとも手がつけられません。あのいまいましいパリ大会のおかげで、世界の諸所方々への多量の通信を背負わされましたので、ほかのことはみな二の次とならざるをえませんでした。……〔それに第一巻の第四版発行と英語版など――不破〕これらすべてのおかげで時間をとられます。それから校正――しかし二週間ほどで第三巻に戻ります。そうしたら、もうどんな中断も絶対にはいりこませません。いちばんやっかいな箇所は乗り越えたと思います」（全集㊲二五一ページ）。

一一月一五日　ベーベルへ　「一〇月一七日付の君の手紙を受け取ったときは、『資本論』第四版のためのすさまじい仕事の真っ最中だった。……それが終わるか終わらないうちに、ふたたび第三巻に着手する必要ができた。この巻は今急いで刊行されなければならない。……なおそのうえに、諸国の党機関紙を追跡して第三巻関係の経済学上の文献を調べ、所々もう一度すっかり目をとおす必要が生じた」（全集㊲二六一ページ）。

翌一八九〇年二月には、眼病の方も好転し、仕事の条件は整ったかに見えます。

一八九〇年二月八日　ゾルゲへ　「僕の眼はよくなっているらしい。体重が一〇ポンドふえた。それに反して不眠のためたばこをほとんどまったくやめなければならず、今はさらに、アルコールがときどき同じ不快な作用をするのを感ずる。でも、この年になって禁酒主義者にならなければならないとは、ひどい皮肉だね」（全集㊲三〇九ページ）。

四月九日　ニーウェンホイスへ　「『資本論』第三部は、私の良心の重荷になっています。若干の部分は、綿密な修正と部分的な配列換えなしには出版できない状態で、私がこのように雄大な著作の場合に徹底的に熟慮しぬかないではこの種のことをやらないことは、あなたもご存じです。まず第五篇をかたづけてしまえば、次の二篇はそれよりも骨が折れないでしょう。最初の四篇は、最終校正をする程度まで刷りあがっています。私が一年間、まったく現下の国際運動から離れ、新聞を全然読まず、手紙を書かず、なにものにも介入しないでいることができたら、たやすく仕事をおえるでしょうが」（全集㊲三二九ページ）。

ニーウェンホイスへのこの手紙は、前年の一一月ないし一二月に第五篇の作業を開始して以来、多少とも編集作業の内容に触れた唯一のものです。

そこにある、「綿密な修正と部分的な配列換えなしには出版できない状態」とか、「徹底的に熟慮しぬかないではこの種のことをやらない」などの言葉は、この時点でエンゲルスが感じている第五篇の編集作業の困難さを率直に表現したものだと思います。さき程、私は、第三部へのエンゲルスの「序言」から、編集作業を二つの時期に分けて見ることを提案しましたが、この手紙の表現は、作業が第一の時期に入ったことを示しているのではないでしょうか。

その後、「時間がない」といういつもの苦情や編集に戻る〝決意〟などはときどき顔を出しますが、編集作業の内容にはまったくふれないという沈黙の時期が続きます。いま見た一八九〇年四月九日の手紙以後、エンゲルスの手紙で、多少とも第三巻の問題に触れたのは、次の一連の手紙だけです。

一八九一年三月七日　トゥラティへ〔＊〕「〔自分の雑誌に寄稿する時間がないだろうというトゥラティの考えにこたえて――不破〕まことにそのとおりです。じっさい、マルクスの著作と私自身の小冊子類との新版準備のために、マルクスの『資本論』第三巻の原稿を仕上げる時間が、ほとんどありません――目下のところ、改訂したり、増補したり、新しい序言を用意したりすべき小冊子が四冊もあります。――ですから、ほかの仕事のための時間がどこにありましょうか?」（全集㊳四〇ページ）。

＊　**トゥラティ**、フィリッポ（一八五七〜一九三二）　イタリアの労働運動の代表者で、イタリア社会党の創立者のひとり（一八九二年）。一八九六年以後、同党の右派に転じた。

三月二四日　オッペンハイムへ〔＊1〕「いまいましい、こまごました中間仕事と、世界じゅうの国々とのはてしない通信とが、私に猶予をあたえてくれしだい、第三巻がまたもや仕事になります。しかし、そうなったら、私は革命をやって、小間物店〔＊2〕の戸締まりをし、もうこれ以上じゃまをさせません。どうか今年は仕上げたいものです。お尻に火がついています。ぜひとも仕上げなければなりません」（全集㊳四九ページ）。

＊1　**オッペンハイム**、マックス　クーゲルマンの妻ゲルトルートの弟。プラハ、ドレスデンの商人で、一八七四年以後、マルクスと親交があった。

＊2　**小間物店**　『資本論』以外のあれこれの雑多な仕事のこと。「戸締まり」とは、この種の仕事のこれ以上の持ち込みは断る、という意思表示だろう。

五月一日　ベーベルへ　「〔『起源』〔＊〕その他の仕事の現状を述べたあと――不破〕その後に

なったら、『資本論』第三巻の原稿が仕上がらないうちは、新しいものは絶対に引き受けない。第三巻はぜひとも果たさなければならん。……すっかり余事がなくなったら、第三巻はたぶん年内に終わるだろう」（全集㊳七五ページ）。

＊**『起源』** エンゲルスの著書『家族、私有財産および国家の起源』増補改訂第四版（一八九一年一一月刊行）のこと。エンゲルスは、原始共同体史のための新資料を収集したうえで、この新版の準備にあたっていた。

六月一〇日　ゾルゲへ　「『家族……の起源』の新版で身動きができない。……それでもいちばんやっかいなところはもう切り抜けた。いよいよまた第三巻にもどることができる。僕の文通はいっさいカットせざるをえなかった。でないとさっぱり先へすすめないから」（全集㊳八五ページ）。

六月二九日　カウツキーへ　「党はマルクスと僕あてのラサール書簡集を僕の注解つきで（そのさい党の検閲はいっさい排除される）出版することになる〔＊1〕。秋になれば、第三巻と並行して、その面倒をみることができる。（これは内密の話だぜ。）……

同じように、第三巻が仕上がらないうちは、いま『……状態』〔＊2〕の新版を考えることはできない。……『起源』の新改訂がすみしだい、ふたたび第三巻にとりかかる。そうしたら、なにがやってきても、すべて追っ払いだ」（全集㊳九八、九九ページ）。

＊1　この計画は実現しなかった。

＊2　『……状態』　エンゲルスの著書『イギリスにおける労働者階級の状態』（一八四五年）のこと。この書のドイツ語第二版は、一八九二年に刊行された。

七月一日　シュミットへ　「信用制度や貨幣市場についてのあなたの労作は、第三巻が出るまでは未完のままにしておくのが最善です。第三巻のなかには、この素材に関するたくさんの新しいもの、そしてなおはるかにより多くの未解決なものが見いだされます。つまり、新たな諸解決とともに新たな諸課題が見いだされるのです。避暑が終わりしだい、第三巻を中断なしに仕上げます」（『書簡選集・下』一七〇ページ、全集㊳一〇一ページ）。

九月二日　ダニエリソーンへ　「私の健康は概して上々です。しかし、一年一回約八週間の休暇とある程度の転地が必要です。船旅がいつも私にはいちばんの薬です。私の期待どおり、この一カ月間健康状態がつづけば、ただちに第三巻にとりかかるでしょう。これは完結されな**い、い、い、い、い、い、**ければなりません。しかし、期限については約束しないほうがいいでしょう」（全集㊳一一八～

一一九ページ）。

一〇月二四日　ゾルゲへ　「来週は第三巻にとりかかる」（全集㊳一五二ページ）。

一〇月二九日　ダニエリソーンへ　「次の月曜日にはふたたび第三巻を始めます――そして完成するまでは中断しないつもりです」（全集㊳一六五ページ）。

一一月一日　シュミットへ　「来週、私は第三巻にとりかかり（私がこんなにいそいであなたにご返事を書くのもそのせいで、文通はすべてそのまえにかたづけておかなければならないのです）、全部けりがつくまでは止めずにすむものと思います。あなたがこの必要な完結篇を考察にくわえるのに間に合うように」（全集㊳一六九ページ）。

一一月二五日　ベーベルへ　「順調にすすんでいる第三巻の仕事の合い間……」（全集㊳一八二ページ）。

一二月三日　カウツキーへ　「一〇月三〇日付の君の手紙に長いこと返事をしなかったが、それは第三巻のせいだ。これに僕はいままた汗水流して取り組んでいる。いまちょうどいちばん困難なところにかかったところで、貨幣資本や銀行や信用などにかんする最後の諸章（六つから八つぐらいの章）をやっている。ここでは、一度取りかかったら中断せずに仕事をつづけ、文献にまた目を通さなければならない。つまり完全に精通することが必要なのだ。そうすれば僕は――おそらく――結局は大部分をそのままにしておくことができるし、同時に積極的にも消極的にもヘマをやらかさなかったという自信もできるのだ」（全集㊳一九六ページ）。

カウツキーへのこの手紙は、この時期の作業報告としては、唯一、「最後の諸章（六つから八つぐらいの章）をやっている」と、草稿のどこに取り組んでいるかにふれたものですが、それはエンゲルスが第一の時期を脱出したことの傍証にはならないと思います。おそらく、「序言」で言う「三度」の試みのうちのどれかへの取り組みの最中の報告ではないでしょうか。

『ゴータ綱領批判』の公表をめぐって

少し時間をさかのぼりますが、ここで、第五篇に取り組む苦闘の過程、一八九一年一月〜二月に起こった一つの政治的事件の報告をしておきたい、と思います。これは、第二インタナショナルの成立ほど、エンゲルスに政治力の全面発動を求めた事件ではありませんでしたが、ドイツの社会民主党にとってはたいへん重要な意義をもつ事件でした。

この時期に、ドイツ社会民主党の新綱領の策定が日程に上ってきたのです。エンゲルスは、新綱領の制定を正しい政治的、理論的な軌道に乗せるために、マルクスの文書「ゴータ綱領批判」の公表を決意しました。

ゴータ綱領というのは、一八七五年、ドイツの二つの労働者党――アイゼナッハ派の党（マルクス、エンゲルスが支持していた党）とラサール派の党が合同したとき、ドイツ中部の都市ゴータで開かれた合同大会で採択した綱領のことです。そこには、ラサール主義の誤った有害な見地が色濃くおりこまれていました。その内容を知ったマルクスは、大会前に元アイゼナッハ派の幹部たちに批判文書を送って、新綱領の問題点をきびしく指摘したのです。それが「ゴータ綱領批判」ですが、以来一五年、公表されないでいました。

エンゲルスは、新しい綱領に、ゴータ綱領の誤った見地がひきつがれたり、各種の誤まった見地が新たに持ち込まれたりすることを防ぎ、正確な階級的立場にたった党綱領がつくられることを願って、マルクスの批判文書の公表を決意したのでした。

「ゴータ綱領批判」は、一八九一年一月、カウツキーが編集していた党機関誌『ノイエ・ツァイト』にエンゲルスが書いた「序文」とともに掲載されました。

エンゲルスは、その「序文」のなかで、この文書を発表する意図を、次のように説明しました。

「ここ〔『ノイエ・ツァイト』〕に印刷された手稿――ブラッケ宛の添え状ならびに綱領草案

批判――は、一八七五年、ゴータの合同大会の直前に、ガイブ、アウアー、ベーベルおよびリープクネヒト〔＊1〕にまわし、そのあとマルクスに送りかえすよう、ブラッケに宛てて送付された。ハレの党大会〔＊2〕がゴータ綱領の討議を党の議事日程にのせたのだから、もし私が、この重要な――おそらくもっとも重要な――今回の討議に関連する文書を、この先なお公表せずにおくならば、私は隠匿の罪を犯すことになるだろう。

しかし、手稿はさらに、他のいっそう広範な意義をもっている。ここではじめて、ラサールがアジテーションを開始して以降取った方針にたいするマルクスの立場が、しかも、ラサールの経済学上の原理にかんしても、戦術にかんしても、明確に、また断固として述べられている。

この手稿で綱領草案が分析される容赦ない鋭さ、得られた結論が言いあらわされ、草案の弱点が暴露される仮借のなさ、こうしたことのすべては、一五年後のこんにちでは、もはや感情を害することはないだろう。固有なラサール主義者は、いまでは外国にばらばらの敗残者として存在しているだけであり、またゴータ綱領は、ハレで、その起草者たちによってさえ、まったく不十分なものとして見放されてしまった」（古典選書『ゴータ綱領批判／エルフルト綱領批判』一一ページ、全集㉒八七ページ）。

＊1　**ブラッケ……リープクネヒト**　当時のアイゼナッハ派（社会民主労働者党）の主要な幹部。この文書の存在は、この幹部たちしか知らなかった。

＊2　**ハレの党大会**　一八九〇年一〇月に開かれたドイツ社会主義労働者党の大会（この大会で

ドイツ社会民主党に党名が改められた）。ここで、次の党大会までの新しい綱領の草案を作成し、次回大会の三カ月前に公表することが決議された。

「ゴータ綱領批判」の公表は、ドイツの党内に大さわぎをひき起こしました。しかし、これで頭に来たのは、指導部の一部だけで、党内の大多数からは歓迎の声で迎えられたようです。その状況を、エンゲルスの手紙から抜き書きしておきます。

一八九一年二月一〇日　ポールへ　「マルクスの論説は党中央委員会のなかに大憤慨を、党そのもののなかに大喝采をひき起こしました。『ノイエ・ツァイト』の当該号の発行をいっさい差し止める試みがおこなわれたが、それは手遅れでした。すると今度は涼しい顔をして、大胆にもこの論説を公式機関紙上に転載しました。ひと落ちつきしたら、人は、いまの綱領の生みの親リープクネヒトに、あんなに破廉恥な綱領をもう一度つくらせることを阻止したことで、僕に感謝することでしょう。さしあたり僕は彼らの直接の便りをもらっていません。僕はいくらかボイコットされています」（全集㊳二一ページ）。

二月一一日　ゾルゲへ　「『ノイエ・ツァイト』所載のマルクスの論説はお読みになったろう。これは、ドイツの社会主義的権力者のところで最初は大憤慨をひき起こしたが、もうだいぶ下火になっているようだ。これに反し、党そのもののなかでは——旧来のラサール派は例外として——大喜び。次便でお受け取りのウィーン『アルバイター-ツァイトゥング〔労働者新聞〕』のベルリン通信員は、僕が党に示した功績の点で、文字どおり僕に感謝している〔＊〕」（全集㊳二四ページ）。

＊ ベルリン通信員の感謝　この新聞はオーストリア社会民主党の機関紙で、その通信員が「ゴータ綱領批判」の発表を次のように意義づけたのです。

「わが党の理論上の諸原則をまったき明確さをもって、かつ、いかなる妥協をも抜きにして、綱領のなかに定式化すべき時がきたのであり、現時点では、この発表はじつに時宜を得たものである」（全集㊳の「注解」五一一ページより）。

二月二三日　カウツキーへ　「議員団のなかで、『ノイエ・ツァイト』を検閲のもとにおけ、という声が高くなったのは、まことにけっこうなことだ。……ドイツの社会主義科学を、それがビスマルクの社会主義者取締法から解放されたあとで、社会民主党当局自身によって製造され、実施されるべき、新たな社会主義者取締法のもとにおこうとは、じつにすばらしい考えだ。それにしても、〝木々は伸びても天に届かぬ定めなり〟〔＊〕だ」（『書簡選集・下』一六一ページ、全集㊳三三二ページ）。

＊〝木々は伸びても……〟　物にはおのずと限度がある、という意味のドイツのことわざ。

一一、第三部の編集に取り組む（三）
――最大の難関・第五篇への挑戦（続き）――

一八九二年、状況の転換をつかんだかに見えたが……

エンゲルスの書簡にもどって、期待をかけた一八九二年が、どんな状況で始まったかを見てみましょう。どうも、年末に「今度こそ」と腹を固めたエンゲルスの決意もむなしく、『資本論』以外の諸仕事がエンゲルスを包囲するという相変わらぬ状況のもとで、一八九二年も始まったようです。

一八九二年一月六日　ゾルゲへ　「いま僕は、［三つの仕事をあげたうえで――不破］それから

四、ふたたび第三巻に取りかかるのだが、これはちょうどいちばん困難な章にぶつかっているところだ。だが、いっさいの間奏曲を強硬に拒否すればうまくいくだろう、と思っている。それからあとでさらになすべきことは、おそらく、僕にとってはただ形式上の難点になるだけだろう」（全集㊳二〇九ページ）。

一月六日　ラウラへ　「僕は次のような仕事で押しつぶされそうです。〔こんどは四つの仕事をあげたうえで――不破〕そして、そのつぎにはたぶん第三巻に帰ることができるでしょうが、そこではまさに全巻中の最も困難きわまる諸章が僕を待ちかまえているのです」（全集㊳二一一ページ）。

一月二六日　カウツキーへ　「『反プルドン論』〔＊〕のほうは僕はかまってはいられない。僕はできるだけ早くふたたび第三巻に取りかからなければならないのだ」（全集㊳二一五ページ）。

＊「**反プルドン論**」　マルクス『哲学の貧困』のこと。間もなくドイツ語第二版が刊行され、エンゲルスがきわめて短いわずか数行の「序文」（全集㉒二九二ページ）を書いているから、その出版をめぐるやり取りではないかと、推測される。

三月一四日　ラウラへ　「どんなに僕があらゆる種類の人々によって忙殺され、妨害され、悩まされ、うんざりさせられ、等々されたか、あなたには想像もつかないでしょう。僕の最良の仕事時期――一月から四月まで――は浪費されてしまって、第三巻を見るためにさえ一瞬の時間もなかったのです。この第三巻を僕は復活祭までには大いにすすめる――そして重大な点を越えてしまう――決心をしていたのですが。すべてはむなしい望みでした。いま、僕の時間は復活祭後の一週間までもうすでにふさがっています」（全集㊳二五八～二五九ページ）。

三月一五日　ダニエリソーンへ　「私がどんなにひどく特別な仕事に追われていたかということは、新年から今日にいたるまで――概して私の最も平穏な時期――私は一分間も第三巻のために費やすことができなかった、ということを申し上げれば、あなたにもわかっていただけることでしょう」（全集㊳二六六ページ）。

三月三〇日　カウツキーへ　「〔『空想から科学への社会主義の発展』英語版への「序文」の仕事について述べたあと――不破〕だが、これが僕の最後の仕事であって、つぎには第三巻にとりかかる」（全集㊳二七一ページ）。

そして六月、エンゲルスは、『資本論』の作業開始の見通しをつかんだようでした。ロシアの友人やドイツの同志たちに、次のような、うれしい知らせの手紙を送りました。

六月一八日　ダニエリソーンへ　「(三月～五月の手紙に返事をかかなかったことについてわびて) 私は極度に多忙で、そのために第三巻のためにも一瞬も費やすことができなかったほどだったのです――とはいえ、来週はまた第三巻に立ち返ろうと思っています」(『書簡選集・下』一九四ページ、全集㊳三一六ページ)。

六月二〇日　ベーベルへ　「僕はじつに深く仕事のなかにはまりこんでいるのだ。僕はまだこれから二つの長いいくらかめんどうな手紙を書かなければならない。それからやっとまた第三巻に取りかかることになる。そこで僕はただ自分を楽しませるだけのような文通はすべてかたわらに押しのけてただ仕事関係のことだけをかたづけてしまわなければならないのだ」(全集㊳三二八ページ)。

事態急転、古い病気の再発に突然襲われる

エンゲルスは、一八九二年七月二七日、夏の保養のため、ワイト島（イギリス南部のイギリス海峡に面する島）のライドに行き、ここに滞在しました。夏を避暑地で過ごすのは、健康維持のための例年の決まりごとになっていましたが、この年は模様がちょっと違っていました。この休養中に、ベルリンまで足を延ばし、ドイツの同志、親戚たちとドイツで対面するという大旅行を、休養計画のなかに組み込んであったのです。ベーベルは、五月に、同志で娘婿のジンガーとともにエンゲルスを訪ねて、半月あまりロンドンに滞在していましたから、おそらくそのときに相談して練り上げていた計画だったのでしょう。

ところが、ライドに着いて一〇日ほどしたとき、五年前に彼を苦しめた病気が、にわかにエンゲルスを襲い、身体の自由がまったく利かなくなってしまったのです。

エンゲルスは、ベーベルと弟のヘルマン、続いてカウツキーにも急報をおくりました。

一八九二年八月八日　ベーベルへ　「いいかね、君、全部おながれだよ、よりによってこの僕が行けなくなったのだ！　まえに詳しく説明してあげたことのあるむかしの話〔＊1〕で、面倒な包帯をつけざるをえなくなるのが、五年ぶりにまた活発になって、そのために突如として僕は完全にからだの自由がきかなくなったのだ。君がこちらへ来ていたころにもうその気配に気づいていたのだが、たいしたことはなかったので、気にとめず、これまでにもよくあったように、ひとりでにおさまり、それに当地で海の風にあたればすっかりまたよくなるものと思っていた。土曜日〔八月六日――不破〕に一キロ３／４ほど歩き、半時間ほど休んでからもどった――全部でたったの三キロ1／2――、ところが日が暮れるまえに気がついてみると、危機が始まっており、ドイツへ旅行するどころか、当地で四週間は安静にして、アルコールをひかえてまた元気にならなければならないというしまつだ。もしいま一〇〇〇歩でも歩けば、八―一〇日はソファーに金縛《かなしば》りということになるだろう。というわけで、つまりどんなにすばらしい計画もお流れなのだ！

原因として思いあたることといえば、去年の秋以来、近年になく気ままにアルコールをやったこと、そしてその影響がつみ重なってついにこういう結果を生んだこと以外にない。少なくとも僕にはそうとしかこの件を説明できない、とくに局部的な炎症の徴候が認められるあいだは、禁酒が療養の条件であるからにはなおのことだ。君のむこ殿〔ジンガー――不破〕は喜ぶことだろうよ！　しかし彼がどんな結論を出すかしらぬが、僕はそれには乗らないよ。

いずれにせよ、この状態で予定の旅行をするだけの力は僕にはまったくない。……ここならばこうやってせめてパンプス〔＊2〕のうちで養生できるし、四週間もすればまたかなり元気になれるものと思う。この病気は退屈だというほかにはべつにどうということはない、僕はもう三―四度もこれを切り抜けていて、治療法は自分で経験からわり出しただけによくわかっている、なにしろお医者先生がたはひとりを除いて、しかもその人はなくなったのだが、この症例についてはみんなまるでわかっていないのだ」（全集㊳三六六～三六七ページ）。

＊1　**むかしの話**　その後の手紙での説明によると、二五年前、キツネ狩りに出た際に落馬し

たのが、この病気の根源だとのことです。

＊2　パンプス　エンゲルスの妻の姪。イギリスの商人ロッシャーと結婚していた。

八月八日　ヘルマン・エンゲルスへ　「僕の旅行は、準備万端ととのい、手紙での連絡もすんだあとになって、結局お流れになった。もともとキツネ狩りのときに馬もろとも転倒したときに由来する古い鼠蹊《そけい》部［左右の太もものつけ根の部分のこと――不破］の傷で、一〇年まえにいやなことになり、このところ五年間おさまっていたのが急にまた活発になって、包帯はもうどうにも効き目がなく、土曜日に約二英マイル＝三キロメートル歩いたばかりに、それ以上歩くことはほとんど不可能になってしまったのだ。僕にはこの件はわかっている。四週間、絶対安静にしてビールとぶどう酒を絶っていれば、万事うまくいくのだが、しかし旅行は問題にならない」（全集㊳三六八ページ）。

八月一二日　カウツキーへ　「アウグスト［ベーベルのこと――不破］から君たちにもうたぶん知らせがあったことと思うが、君たちのところへ出かける話はお流れになった。九年まえ、君が僕の誕生日に訪ねてくれたとき、床についていたことがあった、あのころの古い話のおよぼした結果がまたぞろ、しかもひどく具合の悪いときにのさばってきて、そういうわけで君たちといっしょに一杯やるどころか、ここでソファーに横になっていなければならない。運のよいことに、当地ではよい海風に恵まれており――家はまったくのいなかにあり、海を見晴らす高台にある――、そのうえ、安静にして禁酒していれば、三―四週間でおそらくまたピンピンするだろう。しかしちょうどいま残念なことだ」（全集㊳三六九ページ）。

ベーベルからは、返便で、計画を延期・圧縮し、九月にベルリンに来るということはできないか、という質問がきたようで、それにも次のように回答しました。

八月一四日　ベーベルへ　「僕が九月初めにはまたどうやら元気になってせめてベルリンまででも来られるようにとの君の願いは、また僕の願いでもある。……

問題はただ、うまくいくだろうか、ということだ。そしてこの点にかんしては、きょうになってもなにひとつ確たることを言うにいたっていない。このような場合に、活動力を取りもどすためには三―四週間の安静がどうしても必要であり、またほんのすこしでも早まって動こうとしたり、ほんのすこしでも動きすぎたりすれば、たちまち一、二週間はあともどりすることは、経験上、僕にはわかっている。しかしここで動こうとなどしては早すぎるかどうか、または動きすぎているかどうか、これに気がつくのは残念ながら手遅れになってからのことなのだ。

それに、僕だってやはりなんといっても前回の発作のときより五―六年は年をとっているわけだし、またたしかにこの一年はいつもなら三年分以上のアルコールを僕の体内に流しこみもした。だから僕は療養がいくらか長びくのを覚悟して当然なのだ、たとえ炎症の徴候が接合、剥離または肥厚などの形の器質性変化を残すことがなくとも。

ともかくギリギリ最後になってはじめて、僕自身のからだの調子でどんな様子かわかることになるだろう」（全集㊳三七一～三七二ページ）。

エンゲルスは、旅行に関係する各方面にも、状況を報告しています。

八月一五日　レギーナ・ベルンシュタインへ〔＊〕「残念なことに私の場合も旅行の予定はすっかりめちゃめちゃになってしまいました。私がちょうど出発の準備をすませようとしていたとき、五年まえに根治したものと思っていた昔のわずらいの、まぎれもない徴候が現われて、そのために私は少なくとも二週間、ひょっとすると四週間は動くことがいっさいできなくなったのです。そういうわけで私はなんとここライドでくすぶっていなければなりません」（全集㊳三七四ページ）。

＊　**レギーナ・ベルンシュタイン**　ベルンシュタインの妻。一八八七年に結婚。

八月一九日　アードラーへ〔＊〕「一度はウィーン〔オーストリアの首都――不破〕を見て、君と会い、みんな、とくに君の奥さんや子どもたちとじかに知り合いになれるのを大いに楽しみにしていたところへ、このいまいましい病気だ。僕としてはついでにこのどうもはっきりしない症例について、一度ウィーンなりベルリンなりの――または両方の――医者に相談し、また君にこの症状を話したうえで、君としてはどの専門医をすすめるか聞いてみるつもりでもあったのだ。それというのも、当地にはずいぶんたくさん医学部も病院もあるのだが、開業医たちがすすめるのはいつも自分が勉強したことのある病院の連中ばかりなのだ。それも医者たちが一番よく知っている連中なのだから、それなりによいところはあるのだが、そのために助言をくれそうな人の範囲はうんと狭くなり、ロンドン医学界が小さなドイツの大学町程度のものになってしまう。おかげで僕がこの突然の再発のために実際に被害をうけるようなことにまでなってしまったわけだ」（全集㊳三七五～三七六ページ）。

＊　**アードラー**、ヴィクトル（一八五二～一九一八）　オーストリアの医師．オーストリア社会民主党の設立者で指導者。一八八九年以来、エンゲルスと文通があり、今度の旅行計画にもウィーン訪問の日程が組まれていた。

八月二二日　ラウラへ　「僕は、古い病気にやられました、その病気のために一八八三年から一八八七年までときどき僕はからだの自由がきかなくなりもしましたが、その後五年間はほとんどこれにわずらわされずにすんだのでした。それが不運にも具合の悪いときに再発したのです。僕は一〇日ほどまえに出発して、ボイスト［＊1］たちと会いにチューリヒへ行き、それからザンクト・ガレンにいるベーベルといっしょにシュトゥットガルト、ミュンヘン、ウィーンへ行き、そこでルイーゼ［＊2］と落ち合ってベルリンへ、そしてそこからロンドンへ帰ることになっていたのです。これが全部お流れになってしまい、ベーベルはウィーンへの旅行をひとりでやらなければならないことになりますが、できることなら僕にせめてベルリンまでも来てほしいと言っています。徐々によくなってきてはいるので、僕がそのぐらいの旅はやれるだけの状態になることもありえないことではありません。しかしこれまでのところは僕にはなんとも言えない、どんなに短くてもあと二週間の静養は必要です」（全集㊳三八〇～三八一ページ）。

＊1　**ボイスト・マナ**（一八二七生）　エンゲルスの親族。いとこの妻。

＊2　**ルイーゼ**、カウツキー（一八六〇～一九五〇）　オーストリアの社会主義者。カール・カウツキーの最初の妻で一八八九年に離婚。一八九〇年以降、エンゲルスの秘書をつとめた。

この病状のなかでも、エンゲルスは、日程をおくらせ短期の旅行とすることが可能か不可能か、自分で試していたようです。しかし、その結果は、否定的なものでした。

八月二三日　ゾルゲへ　「[旅行の計画について述べたあと――不破]ところが僕がここライドのパンプスのうちに来ていたら、ここ五年というもの僕をわずらわせることのなかった古い病気が、急にまた騒ぎだした。それも一二日ほどまえからずっとからだの自由もきかず、動くこともできないありさまなのだ。おかげで旅行はすっかり台無しで、目に見えてよくなりつつはあるものの、約二週間のうちに日程を縮めた旅行をやれるようになるかどうかわからない」（全集㊳三八二ページ）。

八月二五日　ベーベルへ　「それはそうと僕の旅行計画はまたひどくがたついている。ここ数日、僕は二、三度、もよりの郵便局までぶらぶら行ってみた、うちから三〇〇歩ほどだったが、この力だめしの結果、目下のところまたしても二、三歩以上は歩けず、わき腹を包帯で抑えつけられるのがえらく気になって仕方がない等々――おかげで僕はまた身をちぢめて横になっている始末だ。きょうは安静にしていたおかげでまたいくらかよくなっているが、七日までにあと一三日しかないそのあいだに、これがうまくおさまってくれて、旅行に出られるものやら、やはりどうもあやしい。……この冬には僕は『資本論』第三巻を仕上げなければならない」（全集㊳三八五ページ）。

「第二の時期」――第五篇への取り組み再開

ベーベルにこう書いた一〇日後、エンゲルスは、ロンドンにもどって仕事を再開することを決意します。

一八九二年九月四日　カウツキーへ　「僕はあさって、今月六日にまたロンドンへ帰る……。麻痺のためそれ以上の旅行はあいかわらず絶対に無理で、あと二週間はロンドンでソファーに横になっていなければならないだろう。それ以外はどうということもない」（全集㊳三八八～三八九ページ）。

九月一二日　シュミットへ　「どっちみち、私がずっと健康でいて、また私をほっておいてくれたら、この冬には第三巻は仕上がりますし（しかしどうかこのことは絶対に口外しないでくださいよ、いままでに何度じゃまがはいったか、知っているものですから）、……」（全集㊳三九九ページ）。

九月二五日　アードラーへ　「僕の健康は『いつもゆっくりと快方に』向かっている。ルイーゼの話だと、君はこの思いがどのくらいまえからのものか尋ねたという——一〇年ばかりまえに、過労で現われたのだ。そもそもの始まりは二五年ばかりまえに狩りをしていて落馬したことだった。さらにお知らせまでに〔つけくわえると〕、すでにその数年後、これがはっきり現われてきたあとで、鼠蹊部に不快感があったため脱腸帯《だっちょうたい》のついた包帯をつけざるをえなくなったことがあり、また左のそのあたりに小さな静脈瘤《じょうみゃくりゅう》もあるようだ。二、三日まえから決定的に快方に向かっているのが感じられるように思うが、しかしあいかわらず圧痛《あっつう》がある、とくにしばらく立っていたり歩いたりしたあと。いずれにせよもうすこしがまんし安静につとめなければならない」（全集㊳四一四ページ）。

九月の末か、あるいは一〇月にはいってからか、エンゲルスは、ふたたび第五篇の編集に取りかかったようです。次の手紙が、その第一報です。

一〇月一〇日　クーゲルマンへ　「いまちょうど第三巻、第二七章を仕上げたところ、第二九―三四章が難物中の難物です」（全集㊳四三一ページ）。

「第二七章」（現在の章別なら「資本主義的生産における信用の役割」に当たる）とか、「第二九―三四章」とかが、いきなり出てきます。これは、これまでの手紙にはなかったことで、さきの「序言」での説明に即して言うと、編集作業の新しい時期（第二の時期）が始まったことの表われだと推測します。そう位置づけて読むと、新しい編集方法で第五篇に取り組み、「難物の箇所」、「最大の難関」の突破に手ごたえを実感し始めたエンゲルスの意気込みが読み取れる思いがあります。

一〇月二三日　アードラーへ　「僕はいま『資本論』第三巻にとりかかっている。過去四年間で一度でも三か月、落ち着けるという予定がとれていたら、とっくに仕上がっているはずなのだ。しかしそんないい目に会うことは一度もなかった。今度はむりやりに、またすべての文通やその他のことは最大限なおざりにして、暇をつくっている。僕の見るところ、最も難物の箇所は、まえにもとりかかったときに準備が大いにすすんでいたようだし、いままでのところかなりすらすらとすすんでいる――確かにこれからちょうど最大の難関にかかるところで、何年もまえからそのために前進ができないでいたのだが、僕は楽しく、またこれまでのところ力も衰えずに仕事をしているし、今度はおそらくなんとかなることだろう」（全集㊳四四〇ページ）。

一一月三日　ポールへ　「僕は『資本論』第三巻にすっかりかかりっきりになっていて、もうそろそろこのへんで仕上げてしまわなくてはなりません。やっているのは、編集が最も不完全で最も困難な部分――銀行、信用等です。どんなことがあってもこの仕事を中断するわけにいかない、そんなことをしたら、最初からやりなおさなくてはなりません――そこで僕の文通はすべて中断されており、君にもわずかしか書けません」（全集㊳四四二ページ）。

一一月四日　ラウラへ　「第三巻は順調にすすんでいて、仕上がるまでつづけるつもりです。そうするためには、僕は文通を手抜きするほかない、それで簡単になることを許してほしいのです。……

さてそれではまた仕事！　四―五年ものあいだ僕の障害になっていた銀行と信用とにかんする篇（それは完全に自由な時間が三か月以上ないと、これをやることはできないのに、その三か月が取れなかったからです）を仕上げたその日には――その日にはアルコールをいくらか消費することになりますよ――賭けてもいい！」（全集㊳四四四ページ）。

一一月五日　ゾルゲへ　「これだけは言えるが、仕事は思った以上に順調にはかどっている。このまえやむなく中断するまでに、僕は準備をすすめておいたので、それがいまになってむくわれている。しかし仕事はまだどっさりある、とはいえ最後の見通しがつくところまではきた」（全集㊳四四五ページ）。

一一月六日　ベーベルへ　「僕はずうっと第三巻で辛苦しているが、幸いにしてようやく成果が見えてきた。もう今では言うことができる。主要な困難――信用制度――はもうかなり克服されて、あとにはただ編集上の技術的な仕事――もちろん時間のかかる面倒な仕事――が残っているだけだ、と。この仕事は僕にたくさんの喜びを与えた。というのは、一つには、そこには非常に多くのすばらしい観点があるからだ――僕はその多くをルイーゼに読んで聞かせたから彼女に聞いてみたまえ。しかしまた、この仕事は僕に、この老いぼれた頭にまだ労働能力があり、比較的むずかしい問題についてもそれがある、という証拠を与えてくれたからだ。年齢が僕に与えた主要な損害は、記憶のなかのいろいろな分野をもはやたやすく見つけだして開くことができず、したがって万事によけいひまがかかる、ということだ。だが、これはもうがまんすることができる。

しかし、もう峠を越えたとはいえ、仕上げまではまだなかなかだ。この篇のほかになお最後の二つの篇（全体の約三分の一以下）があり、これはまだ全然見ていない。それから全体の技術的な最終編集があり、これは困難ではないが、それだけにより単調で退屈だ。たぶん冬はこれに取られてしまうだろう」（『書簡選集・下』二一〇ページ全集㊳四四六ページ）。

一二月の下旬、エンゲルスは、第五篇の最大の難関をついに突破したことを、ベーベルやカウツキーに報告します。

一二月二二日　ベーベルへ　「第三巻は峠を越した。いちばんむずかしい篇の難物は乗り切った。しかし最後の二篇をやり終えないことには、完成の時期についてはなにも確定的なことは言えない。これからも個々に困難にぶつかって、それに時間をとられることもありうる。しかし陸は見えてきて、いちばん厄介なこと、いちばん時間のかかることは乗り切った。今度は仕上げられる。君がこちらへ来たら、見せてあげる」（全集㊳四八六～四八七ページ）。

一二月二四日　カウツキーへ　「いよいよ第三巻がその長い妊娠期間をやっと完了する見込みがどうやらついたので、第四巻のための資料を手もとにおくことが僕には重要なのだ」（全集㊳四八七ページ）。

それでも、第五篇の編集完了までには、さらに二カ月以上の時間が必要でした。

一八九三年二月一二日　ラウラへ　「さっそく返事を書きます。というのは、きょうは日曜日で、数分間の暇があるが、あすはまた、『資本論』第三部の第三〇――三六章を完成するため、銀行、信用、貨幣資本、利子率といったジャングルにとびこまなければならないからです。これ——この第五篇——は、ほんとうに困難な箇所にかんするかぎり、できあがったも同然ですが、文章上では『仕上げ』を大いに必要としています。つまり、配列や、繰りかえしの除去や、そういったことです。八日間か一〇日間ですむだろうと思っています。それから第六篇と第七篇にかかり、——そして大団円です」（全集㊴二八～二九ページ）。

二月二四日　ダニエリソーンへ　「［ご無沙汰を謝って——不破］この冬と春とで第三巻を完成するために、私は努力を、非常な努力をしなければならないのです。これをなしとげるために、余分な仕事はいっさいやめ、絶対に必要なものでないかぎり、文通さえいっさいさしひかえなければなりません。……

いまや私は——すこしばかりの形式上の事柄を除いて——第五篇（銀行と信用）の編集を終わりました。これは、対象のあり方からみても、また手稿の状態からみても、いちばん困難な篇なのです。あとに残っているのは二篇——全体の三分の一——だけで、その一つ——地代——はやはり非常に困難な対象を扱っていますが、私の記憶するかぎりでは、この部分の手稿は第五篇の手稿よりずっとよく仕上げられています。ですから、私は、予定の期間内に自分の任務を完了できるだろうと、いまでも思っています。大きな困難は、三—五か月間いっさいのじゃまを完全にまぬかれて、全時間を第五篇にささげられるようにすることでした。幸いなことに、いまやこれはすみました」（全集㊴三三〜三四ページ）。

一二、『資本論』第三部、ついに完成へ

第三部の編集、いよいよ最後の道程へ

一八九三年三月、第五篇、銀行と信用の篇の編集が終わった段階で、エンゲルスは、〝第三部の編集完了近し〟という吉報を、各方面に発しました。一八八九年二月に第四篇の編集が終わって、いよいよ問題の第五篇に向かい合うことになってから、すでに四年を超える歳月が経過していました。その達成の喜びが吉報多発ということになったようですが、実際には、信用論にくらべれば比較的簡単と予想された第六篇（地代論）や第七篇にも、それなりの編集の苦労はあり、編集完成への最後の道程は、さらに一年を超えて続きました。

一八九三年三月一四日　ラウラへ　「きょうはモールの命日で、ちょうど一〇周年になりま

す。さて、ごく内々の話ですが、第三巻はできあがったも同様だと言えます。いちばん困難な篇、銀行と信用は仕上がっています。あとにはもう二つの篇が残っているだけで、そのうちの一篇（地代）だけが、いくらか形式上の困難があるかもしれません。しかし、まだしのこされているすべては、これまでにしなければならなかったことにくらべれば、児戯でしかありません。いまではもうじゃまのはいるのを心配する必要もありません。この冬まで僕がどうしても手に入れることのできなかったもの、それは、そういうじゃまのはいらない四―五カ月の期間だったのです。いまはそうした時間ができており、この仕事は終わったも同然です」（全集㊴四五ページ）。

三月二〇日　カウツキーへ　「第三巻では、七篇のうち五つの篇が、最終編集――形式上の――だけを残してできあがっている。いちばん困難な信用の篇はのりこえた。いまは地代にかかっている。これは、もしかするとまだいくらかの時間を要するかもしれない。だから、いつということは、まだ言えない。以上はここだけの話だ」（全集㊴五一ページ）。

「いまは地代にかかっている」、こう報告したのは、一八九三年三月でしたが、この時の地代論（第六篇）への挑戦は、成功にはいたらなかったようで、六カ月後の九月の末頃にも、ふたたび地代論での苦闘の報告が登場します。その後の手紙によると、この苦闘は、さらに夏から秋にかかるまで続いたようです。

七月一二日　トゥラティへ　「第三巻には、あいかわらず苦労していますが、ありがたいことに、終わりが見えています。しかし、以前に予定していたとおり夏の休暇のまえにこの仕事を終えることはできませんでした。その結果、さらに数か月遅れることになるかもしれません」（全集㊴八四ページ）。

一二月二日　ゾルゲへ　「第三巻では、第一篇（一八五五年ごろの手稿で二四六ページ）は印刷にまわせるまでになっている。これはここだけの話だぜ。今後は急速に進行するだろうと思う」（全集㊴一五八ページ）。

一二月一九日　ラウラへ　「（一一月に受けとったラウラの手紙への返事がおくれた理由の第一）。一、クリスマスのまえに、第三巻の第一―四篇の最終編集を終えて、新年がすぎたら早々に印刷に出すようにしなければならなかったからです。これはいまでは終わりました。九月には出版できるように、復活祭までに原稿を全部（三分の二はこれから最終的に目を通さなければなりません）印刷所に渡すつもりでいます」（全集㊴一六三ページ）。

一二月一九日　ショルレンマー〔＊〕へ　「私の誕生七三年目についてのご親切なお祝詞にやっといまお礼を述べるのは、『資本論』第三巻のせいです。これは今度こそ仕上げてしまわなければならないので、私はいっさいの文通を情け容赦なくうっちゃっておかなければならなかったのです。いまではあと一篇を残すだけとなったので、祝日期間までの数日間を利用して、埋めあわせをすることができるといったわけです」（全集㊴一六七ページ）。

＊ショルレンマー、ルードヴィヒ（一八四七～一九二六）　一八八八年、エンゲルスとともにアメリカ旅行をしたカール・ショルレンマーの弟。兄の方は、すでに死去していた。

一二月三〇日　ゾルゲへ　「つぎに、君に知らせなければならないのは――といっても、厳重にここだけの話だが――、第三巻の原稿の最初の三分の一が、きのう丈夫な防水布で荷造りされ（むかしあの有名なケルンの偽造議事録原本が荷造りされたのと同じようにだ）、近日中に印刷のために送りだされるということだ。あとの三分の二は、まだ――たいていは技術的な――最終編集を必要としている。万事が順調にいけば、この本は九月には出版される」（全集㊴一七〇ページ）。

一八九四年一月一一日　アードラーへ　「第三巻はとうとう印刷にかかっている。最初の二

○章（原稿約一八七〇ページのうちの六六四ページ）がすでに発送ずみだ。いま第二番目の三分の一にかかっている。最終編集が必要なだけだ。また第三番目の三分の一は、たぶんもうちょっと多くの仕事が必要であろうが、すぐつぎにくるのがこれだ。秋にはわれわれの本が出るだろうと思う。

でもいまは、ふたたびわが愛する第二三章にかからなければならない。残念ながら祝日期間にひどくたくさんの時間をむだにせざるをえなかったのだ」（全集㊴一八三ページ）。

エンゲルスは、ここで『資本論』第三部を三つの部分にわけて、編集仕事の進行状況を説明していますが、おそらく、発送ずみの最初の三分の一が利潤論を中心とした第一篇〜第四篇、次の三分の一が利子生み資本を論じた第五篇、最後の三分の一が地代論と最後の「諸収入」論と読みとって、あまり間違いはないでしょう。

「わが愛する第二三章」とは利子生み資本論の核心部分をなす「利子と企業者利得」の章です。「ふたたび」この章にかかるという手紙の文章の調子からも、この章によせたエンゲルスの特別の思いいれがうかがえます。

いよいよ最後の地代論に入る

『資本論』勉強の次の時期は、いよいよ最後の主題・地代論との取り組みです。

二月二二日　ベルンシュタインへ　「僕はちょうど第四一章（地代）に没頭中で、僕が帰宅する来週の木曜日までには、なお数章仕上げたいと思っている」（全集㊴一九〇ページ）。

つづく一八九四年三月〜四月の手紙を読むと、第三部の「最後の三分の一」のうちで、地代論、とくに「差額地代Ⅱ」の計算部分がやはり最後の難関となったようです。

そしてこの手紙に出てくる「第四一章」というのは、「差額地代Ⅱ」の一つのケースを扱った章です。エンゲルスが後に、入獄前夜のオーストリア社会民主党の幹部アードラーに、『資本論』第二部・第三部の獄中での勉強法を伝授したさいに、この章を含む「差額地代の第二形態」の諸章を、「さっさと素通りできる」章の一つに挙げていたこと（一八九五年三月一六日の書簡、全集㊴三八一ページ）が思い出されます。（この手紙はあとで全文を紹介します〈本書二〇〇〜二〇二ページ〉）。

三月二一日　ゾルゲへ　「僕は第三巻の三分の二を思ったより早く仕上げた。……最後の三分の一はまだ全部は最終編集をしてない。来週からふたたびそれにとりかかる」（全集㊴二〇二ページ）。

四月一一日　ラウラへ　「モールの表はほとんど例外なく計算がまちがっており——彼が数字にかけてはどのような天才だったかはあなたもご存じです——計算しなおさなければならないので、たいへん手間のかかる地代（第三巻）に没頭しています。そして一五ボーゲンがもう印刷されています。ですから残りの原稿のことで時間を無駄にはできません。そのうえにこの暑さ——おん地ル・ペルーとまったく同じです」（全集㊴二一〇ページ）。

地代論の部分でのこの苦労は、エンゲルス自身、『資本論』第三部の「序言」で、遠慮がちの表現ですが次のように書いています。

「地代にかんする篇は、はるかに完全に仕上げられていた〔信用論にくらべて、という意味です——不破〕。といっても決して秩序だってはいなかった。……差額地代Ⅱの場合の諸表と、第四三章ではここで取り扱われるべきこの地代種類〔差額地代Ⅱ〕の第三例がまったく研究されていないという発見とで、最大の苦労をした」（新書版⑧一三～一四ページ、〔Ⅲ〕一四ページ）。

そして一八九四年四月～五月、第三部の最後の原稿が印刷所に送り出されました。一八八五年以来、九年にわたるエンゲルスの編集の苦労が、ようやく結実したのでした。

五月一一日　ラウラへ　「たったいま町から帰ったばかりです。僕たちは第三巻の原稿の最後のものを発送しに行ってきたのです」（全集㊴二一五ページ）。

五月一二日　ゾルゲへ　「第三巻の原稿の残りをハンブルクに出した。これで僕の心の重荷がおりた。最後の二篇は、まだ僕に『大汗をかかせて』いる。それは六〇ボーゲンになり、うち二〇ボーゲンはすでに組版ずみだ」（全集㊴二一七ページ）。

六月一日　ダニエリソーンへ　「〔校正刷りをダニエリソーンにも送った、そのことの説明〕。送付された校正刷りのなかに、あなたは、異なる剰余価値率がどのようにして一つの平均利潤率に均等化されるかという問題の解決、利潤率の不断の低下傾向の法則、および商業資本が剰余価値の分配に参加するやり方を見いだすでしょう。これは、第二一ボーゲンで終わりになりますが、このボーゲンのなかで第五篇が始まっています。すなわち、利子と『企業の利潤』（利子と企業者利得）とへの利潤の分裂、貨幣資本一般、銀行、および信用の篇です。この篇はこの本のまる三分の一を占めています。これには他のどの篇よりも骨が折れました。――最後の三分の一は第六篇、地代、および第七篇、収入の三つの種類、すなわち、地代、利潤（利子）、賃金、から成っています」（全集㊴二二五～二二六ページ）。

七月五日　ショルレンマーへ　「『資本論』第三巻のための最後の原稿が印刷屋の手に渡った……」（全集㊴二三五ページ）。

入獄する幹部への助言──『資本論』第二・第三部独習の手引き

これまで何回か登場してきた人物にアードラーがいます。彼は、オーストリア社会民主党の指導者ですが、そのアードラーが、党機関紙『アルバイターーツァイトゥング』に発表した論説のなかで、オーストリア政府を批判した罪を問われ、七週間の禁固刑を言い渡される、こういう事件が起きました。そして、アードラーが獄中で『資本論』の第二部、第三部の「猛勉強」をするつもりだとしていると聞いて、エンゲルスは、さっそく、手紙で、第二部、第三部の独習の手引きを書き送りました。編集者自身が書いた独習の手引きですから、いろいろな意味で、後世のわれわれにもたいへん有益です。原文は篇と章の数字だけで書かれていますが、それでは読みにくいので、篇と章の題名を括弧で書きこんでおきました。獄内ならぬ獄外での学習にご活用ください。

一八九五年三月一六日　アードラーへ　君は獄中で『資本論』の第二巻と第三巻を勉強したいと言うのだから、君の労を軽くするために少しばかりヒントを書いておこう。

第二部、第一篇〔資本の諸変態とそれらの循環〕。ここでは第一章〔貨幣資本の循環〕を徹底的に読むこと。そうすれば、第二章〔生産資本の循環〕と第三章〔商品資本の循環〕はかなりらくに読める。それから第四章〔循環過程の三つの図式〕は再び要約としていくらか精読すること。第五章〔通流時間〕と第六章〔流通費〕はやさしいし、特に第六章は付随的なことを取り扱っている。

第二篇〔資本の回転〕。第七〜九章〔回転時間と回転数。回転資本と流動資本。前貸資本の総回転、利潤率の回転循環〕は重要。特に重要なのは第一〇〔固定資本と流動資本に関する諸学説。重農主義とアダム・スミス〕および一一章〔同前、リカードウ〕だ。第一二〔労働期間〕、一三〔生産時間〕、一四章〔通流時間〕もそうだ。これに反して、第一五〔資本の前貸の大きさにおよぼす回転時間の影響〕、一六〔可変資本の回転〕、一七章〔剰余価値の流通〕はさしあたりはざっと読んでおくだけでよい。

第三篇〔社会的総資本の再生産と流通〕。第一に、資本主義社会における商品と貨幣との総循環についてのまったくすぐれた叙述、これは、重農学派以後、ここではじめて取り扱われるものだ——内容から見ればすぐれているが、形式から見れば恐ろしく難解だ。というのは、(1)二つの違った方法によって書かれた二つの原稿をつなぎ合わせたものだからであり、(2)原稿第二号は、頭が慢性の不眠症に悩まされていた病気のときに無理やりに書き上げたものだからだ。これは、僕ならば、いちばんおしまいまでとっておいて、第三部の**最初の**通読のあとにするだろう。これは君の仕事のためにもさしあたりは読まなくても用は足りるのだ。

次に第三部だ。

ここで重要なのは、第一篇〔剰余価値の利潤への転化、および剰余価値率の利潤率への転化〕では第一～四章〔費用価格と利潤。利潤率。利潤率の剰余価値率にたいする関係。利潤率にたいする回転の影響〕だ。これに反して、一般的な関連にとってはあまり重要でなく、したがって、さしあたりはあまり時間を費やさなくてもよいのは、第五〔不変資本の節約〕、六〔価格変動の影響〕、七章〔補遺〕だ。

第二篇〔利潤の平均利潤への転化〕。**非常に重要**なのは第八〔異なる生産諸部門における資本の構成の変化とその結果生じる利潤率の相違〕、九〔一般的利潤率（平均利潤率）の形成と商品価値の生産価格へ転化〕、一〇章〔競争による一般的利潤率の均等化。市場価格と市場価値。超過利潤〕だ。ざっと読めばよいのは第一一章〔生産価格に対する労賃の一般的変動への影響〕と第一二章〔補遺〕。

第三篇〔利潤率の傾向的低下の法則〕。**非常に重要**、全部、第一三～一五章〔この法則そのもの。反対に作用する諸要因。この法則の内的諸矛盾の展開〕。

第四篇〔商品資本および貨幣資本の商品取引資本および貨幣取引資本への（商人資本への）転化〕。やはり非常に重要だが、第一六章〔商品取引資本〕から第二〇章〔商人資本にかんする歴史的スケッチ〕までらくに読んでよい。

第五篇〔利子と企業者利得への利潤の分裂。利子生み資本〕。非常に重要なのは第二一〔利子生み資本〕～二七章〔資本主義的生産における信用の役割〕だ。それほどでないのが第二八章〔流通手段と資本。トゥックとフラートンの見解〕。重要なのは第二九章〔銀行資本の構成諸部分〕。全体として君の目的にとって重要でないのは第三〇～三二章〔貨幣資本と現実資本Ⅰ、Ⅱ、Ⅲ〕。紙幣などが問題になればすぐ重要なのは第三三章〔信用制度下の通流手段〕と第三四章〔〝通貨主義〟と一八四四年のイギリスの銀行立法〕。国際為替相場について重要なのが第三五章〔貴金属と為替相場〕で、君にとって非常に興味がありらくに読めるのが第三六章〔資本主義以前〕だ。

第六篇〔超過利潤の地代への転化〕地代。第三七章〔緒論〕と第三八章〔差額地代。概説〕は重要だ。あまり重要ではないが、それでもついでに読むべき第三九章〔差額地代の第一形態〔差額地代Ⅰ〕〕と第四〇章〔差額地代の第二形態〔差額地代Ⅱ〕〕。むしろ読まなくてよい第四一～四三章〔差額地代の第二形態、個々の場合〕。第四四～四七章は再び重要だが、だいたいらくに読める〔最劣等耕地にも生じる差額地代。絶対地代。建築地地代・鉱山地代・土地価格。資本主義的地代の創世記〕。

第七篇〔諸収入とその源泉〕はすばらしいが、残念ながら未完成の作品で、おまけにやはり不眠症の顕著な痕跡がある。

これによって要所を徹底的に読み、あまり重要でないところはさしあたりざっと通読すれば

（前もって第一巻のなかの要所をもう一度読んでおけば最上）、全体の概観が得られるだろうし、精読しなかった箇所もあとで比較的らくに消化されるだろう。（『書簡選集・下』二八九～二九〇ページ、全集㊴三八〇～三八一ページ）。

第二部、第三部の編集者自身の、獄中の『資本論』勉強への助言として、興味深い書簡だと思います。

エンゲルスの最後

エンゲルスは、入獄する同志のために、この『資本論』学習のすすめを書いてほぼ一カ月後、ドイツの党で出版関係の仕事に当たっていたリヒャルト・フィッシャー（一八五五～一九二六）から、一八四〇年代に「ライン新聞」に掲載されたマルクスの諸論文の出版問題で相談を受けました。その問題で手紙のやりとりをしているなかで、五月九日、エンゲルスは、激しい頭痛に襲われていることを訴えたのです。

「僕は頭の皮のリューマチ性疼痛とそれにともなう不眠のため、ここのところすっかりへたばってしまったので、仕事がちっともできない。来週までには正常に戻るだろうと思う。しかし、さしあたっては、君がみずからメーリング〔＊1〕と相談して、小論文類やモーゼル論文〔＊2〕をどうするか、話をつけるのが一番いいと思う。なにしろ君たち両人は『ライン新聞』の現物をのぞきこむことができるのだから。そのうえで必要なものだけを写しとって送ってくれ。この件については僕もメーリングに一筆手紙を出そう」（全集㊴四一三ページ）。

＊1　**メーリング**、フランツ（一八四六〜一九一九）　ドイツの歴史家、政論家。一八八〇年代にマルクス主義運動に加わり、ドイツ社会民主党の左派の理論家のひとりとなった。

＊2　**モーゼル論文**　マルクスが「ライン新聞」に書いた論文の一つ「モーゼル通信員の弁護」（全集①所収）のこと。

エンゲルスは、メーリングへの手紙（一八九五年五月九日付）でも、メーリングからの手紙への感謝の言葉のあと、用件にさきだって、頭痛の訴えから書きだしました。

「頭のぐあいがよくなりしだい、詳しくご返事します。残念ながら、この一週間来、まるで鉄のタガをはめられたかのように、リューマチ性の痛みある頭部の厚皮でぐるりと締めつけられているのです」（全集㊴四一三ページ）。

エンゲルスはこの痛みのなかでも、あれこれと仕事や文通をつづけます。当人は、最初から

「リューマチ性疼痛」と判定しましたが、実は、この頭痛は、食道がんの病状の最初の現われだったのでした。
六月に夏の休養の地であるイーストボーンに居を移しましたが、病状は悪化し、七月二四日、重患となってロンドンに帰り、二週間後の一八九五年八月五日、死去しました。

さきほど紹介した『資本論』第二部・第三部への「学習のすすめ」は、一九世紀末の情勢変化を踏まえて、階級闘争の新たな発展の方向を探究した「マルクス『フランスにおける階級闘争』（一八九五年版）への序文」（一八九五年三月執筆）および『資本論』第三巻への補足・補遺として書いた「価値法則と利潤率」（一八九五年四〜五月に執筆開始）〔＊〕とともに、エンゲルスが生涯の最後の年におこなった科学的社会主義の事業への最後の理論的貢献と意義づけることができるでしょう。

＊　従来、論文「取引所」が、同じ時期に書いた補足・補遺として扱われてきましたが、『新メガ』では、一八九一年ないし一八九二年の執筆とされました。

『資本論』続巻の刊行に果たしたエンゲルスの役割を探求してきた歴史の旅も、これをもって、旅程の結びとしたい、と思います。

（『前衛』二〇二〇年二〜四月号）

マルクス研究

恐慌論展開の歴史を追って

はじめに

先行する二つの論考（「記念講演：『資本論』編集の歴史から見た新版の意義」および「エンゲルスの書簡から『資本論』続巻の編集過程を探索する」、ともに本書所載）で、一八六五年の恐慌の運動論の発見（『資本論』第二部第一草稿）が、マルクスの経済学研究過程のなかで転換点としての大きな意義をもっていたことについて触れましたが、そこでは、この発見の内容およびその意義について、深く立ち入る余裕がありませんでした。

この点を補足するものとして、マルクスの恐慌理論の発展の歴史を、私自身の現在の到達点に立って、あらためてまとめることを考えました。

第一章　出発点。革命と恐慌の関連に注目する

『共産党宣言』での経済恐慌の意義づけ

イギリス資本主義は、一八二〇年代から本格的な経済恐慌に周期的に見舞われていましたが、マルクス、エンゲルスが、革命家としての活動を開始して以後、最初に経験した恐慌は、一八四七年の恐慌でした。二人は、共同の著作である『共産党宣言』（一八四八年二月）で、資本主義的生産様式の前途にとって恐慌がどんなに深刻な意義をもつかを、痛烈な次の文章で告発しました。

「ブルジョア的な生産諸関係および交易諸関係〔＊〕、ブルジョア的な所有諸関係、これほど巨大な生産手段および交易手段を魔法で呼びだした近代ブルジョア社会は、自分が魔法で呼びだした地下の魔力をもはや制御することができなくなった魔法使いに似ている。数十年来、工業および商業の歴史は、ブルジョアジーとその支配との生存諸条件である近代的生産諸関係にたいし、近代的所有諸関係にたいして、近代的生産諸力が反逆した歴史にほかならない。それには、周期的に反復してブルジョア社会全体の存立を疑わせるようにますますおびやかしている商業諸恐慌をあげるだけで十分である。商業諸恐慌においては、生産された生産物だけではなく、すでにつくりだされた生産諸力さえも、その大部分が規則的に破壊される。諸恐慌においては、これまでのすべての諸時代には不合理だと思われたであろう一つの社会的な伝染病

――過剰生産という伝染病が突発する。社会は、突然、一時的な未開状態にあともどりさせられたことに気がつく。飢饉《ききん》が、全般的な荒廃戦争が、社会からすべての生活手段を奪い取ったように見える。工業、商業が破壊されたように見える。それはなぜか？　社会があまりにも多くの文明、あまりにも多くの生活手段、あまりにも多くの工業、あまりにも多くの商業をもっているからである。社会が自由にできる生産諸力は、ブルジョア的文明およびブルジョア的所有諸関係を促進するにはもはや役立たない。逆に、生産諸力はこれらのブルジョア的諸関係にとっては巨大になりすぎており、これらの関係によって阻止され、そして生産諸力は、この阻止を乗り越えるやいなや、ブルジョア社会全体を無秩序におとしいれ、ブルジョア的所有の存立をあやうくする。ブルジョア的諸関係は、それらによってつくりだされた富を入れるためには、せまくなりすぎたのである。――なにによってブルジョアジーは諸恐慌を克服するか？　一方では、大量の生産諸力をやむをえず破壊することによってであり、他方では、新しい諸市場を征服し、また古い諸市場をいっそう徹底的に利用することによってである。つまり、なににによってであるか？　ブルジョアジーが、いっそう全面的かつ強力な諸恐慌を準備し、また諸恐慌を予防する諸手段を少なくすることによってである。

ブルジョアジーが封建制度を打ち倒したときに用いた武器は、いまやブルジョアジー自身にたいして向けられる。

しかし、ブルジョアジーは、自分に死をもたらす武器をきたえただけではなかった。ブルジヨアジーは、これらの武器をとるであろう人々をも生みだした――すなわち、近代的労働者、プロレタリアである」（古典選書『共産党宣言／共産主義の原理』五八～六〇ページ　全集④四八一～四八二ページ）。

＊「**ブルジョア的**」　マルクスが、現代社会の特徴づけとして「資本主義」という用語を使いだしたのは、一八六一年六月～七月に、『資本論』にいたる最初の草稿『五七～五八年草稿』の要旨をまとめた「私自身のノートにかんする摘録」からである（『資本論草稿集』③五〇二、五一八ページなど）。それ以前には、「ブルジョア的」という言葉を、「資本主義」と同じ意味で使っていた。

この文章の最後の言葉は、恐慌が革命を生みだすことを予告したものでした。その予告どおり、一八四七年の恐慌は、ヨーロッパ諸国の革命への引き金となりました。

一八四八年二月、フランスで二月革命が起こって共和制政府が成立、三月にはオーストリアとプロイセンに革命の火の手が上がり、それにイタリアやハンガリーが続くなど、革命の波はヨーロッパ大陸の多くの国々に広がりました。マルクス、エンゲルスは、当時パリにいましたが、〝ドイツ革命起こる〟の報を聞くとすぐドイツに帰国し、ドイツ西部、ラインラントの中心都市ケルンを拠点に『新ライン新聞』を発刊して、革命を援助し推進する立場で論陣を張りました。

〝革命は恐慌に続いてのみ起こる〟

ドイツなどの革命の波が終息したあと、ロンドンに亡命したマルクス、エンゲルスは、この時期の政治的、理論的総括ともいうべき「評論〔一八五〇年五―一〇月〕」を雑誌『新ライン新聞、政治経済評論』〔＊〕第五・六合併号に発表しました（一八五〇年一一月執筆）。

＊**『新ライン新聞、政治経済評論』** マルクスとエンゲルスが、ハンブルクの出版社と協定を結んで、一八五〇年一月から一一月まで、ロンドンで編集、ドイツで発行した雑誌。全部で六号発行され、最後の二つの号は合併号として発行された。マルクスの「フランスにおける階級闘争」（一、二、三および五・六合併号、全集⑦）やエンゲルスの『ドイツ農民戦争』（五・六合併号、同前）などは、この雑誌に掲載された論説だった。

二人は、この雑誌に掲載した論説のなかで、革命の経過について、いくつかの重要な指摘をおこないましたが、その一つは、一八四八年の革命がヨーロッパ大陸にとどまり、イギリスがその枠外にとどまったことに、革命挫折の根源を求める指摘でした。これは、最終の第五・六合併号（一八五〇年一一月刊行）に共同の署名で発表した論説のなかでおこなったものです。

「イギリスではいつも本源的な過程が起こる。イギリスはブルジョア的宇宙の造物主《ぞうぶつしゅ》である。

……恐慌がまず最初に大陸に革命をひきおこすとしても、それらの革命の根源はやはり、いつもイギリスにある。ブルジョア的身体の末端部においては、その心臓部におけるよりも当然、よりはやく暴力的爆発が起こらざるをえない。それは心臓部においては末端部におけるよりも調整の可能性が大きいからである。他方では、大陸の諸革命のイギリスに及ぼす反作用の度合いは、同時に、これらの革命がどの程度まで実際にブルジョア的生活関係を脅かしているか、またはその革命がどの程度にその生活関係の政治的構造にふれているかにすぎないかを示す寒暖計でもある」（「評論〔一八五〇年五月―一〇月〕」全集⑦四五〇ページ）。

もう一つの重要な指摘は、同じ論説のなかでの、〝革命が恐慌に続いて起こる〟のは、一八四八年だけの特殊現象ではなく、今後も繰り返される法則的現象だという提起です。

「全般的好況の場合は、ブルジョア社会の生産力がおよそブルジョア的諸関係内で発達しうるかぎりの旺盛《おうせい》な発達をとげつつあるのだから、ほんとうの革命は問題にならない。そうした革命は、この二要因、つまり近代的生産力とブルジョア的生産形態が、たがいに矛盾に陥る時期にだけ、可能である。……新しい革命は新しい恐慌につづいてのみ起こりうる。しかし革命はまた、恐慌が確実であるように確実である」（同前）。

マルクスとエンゲルスは、それ以後のかなり長い間、この最後の命題を、革命にかかわる情勢判断の基本的な指針としました。

ひたすら恐慌の到来を期待して

この当時、マルクスは、理論的には「現代の商工業は五年ないし七年の周期的な循環をとおる」〔＊〕という立場を表明しながらも、現実の経済分析においては、イギリスその他の国々の経済状況に危険な徴候が現われるたびに、「恐慌迫る」という観測をおこない、その恐慌が革命運動の新しい高揚の転機となることへの期待をもやしました。

＊「貧困と自由貿易――迫りくる商業恐慌」（『ニューヨーク・デイリー・トリビューン』一八五二年一一月一日掲載の論説、全集⑧三五九ページ）。
『ニューヨーク・デイリー・トリビューン』は一八四一年から一九二四年まで発行されたアメリカの日刊紙で、一八五〇年代の半ばまでウィッグ派左翼（のちの共和党）の機関紙の役割を果たし、一八四〇～五〇年代には、奴隷制度の廃止を主張するなど、進歩的立場を取っていた。この新聞へのマルクスの寄稿は、一八五一年八月に始まり一八六二年三月まで続いた。

マルクスとエンゲルスの当時の往復書簡〔＊1〕や、アメリカの『ニューヨーク・デイリー・トリビューン』（以下『トリビューン』と略記）、ドイツの『新オーダー新聞』〔＊2〕に掲載した論説を読むと、二人が一八五〇年代に、恐慌接近の徴候に幾度となく胸を躍らせたことが、わかります。経済情勢の恐慌への激変は、二人にとっては、一八四八年のような革命の時代、しかも今度は、大陸諸国だけではなく、資本主義の総本山であるイギリスもまきこんだ――というよりもイギリスを主舞台とする革命の時代の到来を意味していたのですから。

＊1　**往復書簡**　エンゲルスは、一八五〇年までロンドンでマルクスとともに、共産主義者同盟の活動にくわわっていたが、この年の一一月、マルクスを物質的に援助することを考え、マンチェスターに移って、父が経営する商会の仕事に従事することを決意した。こうして始まったエンゲルスの経営者活動は、一八七〇年九月まで続くが、この間の二人の意見交換は、大部分が手紙を通じておこなわれており、その往復書簡はマルクス、エンゲルスのこの時期の理論的発展を研究する上で、たいへん貴重な資料となっている。

＊2　**『新オーダー新聞』**　一八四九年から一八五五年までドイツのブレスラウ（現在はポーランド領でヴロツラフ）で発行されていたブルジョア民主主義的な日刊新聞。マルクスは、その最後の年一八五五年に、同紙のロンドン通信員として一二〇通ほどの論説を掲載した。

一八五五年の春、マルクスは、イギリスが、ロシアとのクリミア戦争（一八五三～五六年）のさなかに、もう一つの強大な「敵」とのたたかいに引き込まれた、という判定をくだしました。

「その敵とは、昨年の九月このかた、なんびとも見まごうことのないほどのきびしさ、広範さ、猛烈さをもって襲ってきた商工業恐慌である」（「イギリスの危機」『トリビューン』一八五五年三月二四日付論説　全集⑪九六ページ）。

そして、この恐慌は、まもなく過去のすべての恐慌を上回る高さに達し、労働者階級を突き動かし、ヨーロッパの他の諸国と同じように、イギリスにも、ブルジョアジーとプロレタリアートの対峙《たいじ》が中心となる新しい政治的な時代が開かれるだろう、こういう予告を、力づよく展開して見せたのです。

「もう二、三ヵ月たてば、恐慌は、一八四六年以来、おそらくは一八四二年以来、イギリスでたえてなかったほどの高さに達することであろう。その影響が労働者階級のあいだではっきり感じられはじめるとき、そのとき、六年間休眠状態にあったあの政治運動〔＊〕が、ふたたび開始するであろう。そのときには、イギリスの労働者は、新たに立ち上がって、中間階級〔ブルジョアジーのこと――不破〕が権力の座から貴族を最後的に追いだしつつあるまさにその時に、中間階級を脅かすことであろう。そのときには、それまで大ブリテンの真の政治的面貌《めんぼう》をおおいかくしてきた仮面が、ひきはがされることであろう。そのときには、この国の現実に抗争している二党派――中間階級と労働者階級、ブルジョアジーとプロレタリアートがまっこうから対峙することになろうし、イギリスは、ついに、ヨーロッパ社会の一般的な社会進化にあずからないわけにはいかないであろう。……今後は、イギリスは、ヨーロッパの他の諸国民がおこなっている偉大な内部的運動を経験しないわけにはいかないであろう」（同前九七ページ）。

＊　**あの政治運動**　「労働者階級に普通選挙権を」と要求したチャーティスト運動。

マルクスのこの見通しは、経済面でも政治面でも実現しませんでした。経済面では、その二カ月後、マルクスは「イギリスの商工業恐慌は終わりに到達し、商工業はふたたび上向線をたどった」ことを認めざるをえませんでした（「金融市況」『新オーダー新聞』一八五五年五月二二日付論説全集⑪二二六ページ）。もちろん、イギリスの政治的相貌の革命的変化などは、まったく問題になりませんでした。

待望の大恐慌がついに到来したが……

恐慌発現への熱い期待とその後の失望、こういうことは、一八五〇年代に何度も繰り返されましたが、一八五七年一一月、ついに待望の恐慌がイギリスとヨーロッパ諸国をおそいました。エンゲルスは、恐慌を迎えたマンチェスターの経済界の状態を、マルクスへの手紙で次のように報告しています。

「当地の取引所の一般的な光景は、先週は見ていてそれこそ楽しかった。連中は、僕が急に変に上機嫌になったものだから、ひどく腹を立てている。じっさい、取引所に行くと、その時だけはいまの僕のだるさがけしとんで、軽快になり生きいきとする。それでいて僕の予言は、もちろんいつも暗いものなので、この間抜け者たちは二重に怒るというわけだ」（エンゲルスからマルクスへ　一八五七年一一月一五日　全集㉙一六八ページ）。

エンゲルスは、続いて恐慌の展望について立ち入った分析をおこない、そのなかで必ず起こるべき革命を予想して、そこでどう活動するか、どんな準備が必要かなどを、生き生きと語ります。

「まず、この『好転』が慢性恐慌に変わってから、次に第二の、決定的な主要打撃が来るようだと、結構なのだが。しばらくは慢性的な圧迫が諸国民衆の気持を激しくするために必要なのだ。その方がプロレタリアートはより上手に、事実をよりよくとらえ、よりよく一致して戦う。……ヨーロッパじゅうが完全に巻きこまれないうちにことが起こったりは、してほしくないものだ、そうなるとそのあとの闘争がいっそう苦しくなり、長びくことになろうし、波瀾も大きくなるだろう。五月、六月ではまだ早すぎるぐらいだろう。大衆は長い繁栄のためにひどく無感覚になってしまっているに違いない。……

ところで、僕も体の具合は君と同様だ。ブームがニューヨークで崩壊してからというもの、僕はもうジャージ〔＊〕でのんびりしていられなくなり、またこの全面的な崩壊のさなかに気持がものすごくうきうきしている。過去七年のブルジョア的な汚物が、なんといってもいくらかは僕の身にくっついていた、それがいま、洗い落とされ、僕はまた人間が変わっている。恐慌は僕の体には、海水浴のようによく効きそうだ。それがいまもうわかるのだ。一八四八年に僕たちは、いまこそ僕たちの時代が来ると言ったし、またある意味ではそうなった。今度はしかし、僕たちの時代は完全に来るのだし、いまこそ命がけだ。僕の軍事研究はこのおかげで、すぐにいっそう実際的なものになる、ただちにプロイセン、オーストリア、バイエルン、フランス諸国軍隊の現在の組織と基本戦術に全力を投入する、そしてそれ以外はもう乗馬だけ、つまりきつね狩だが、これこそ本当の学校だ」（同前一六九、一七一ページ）。

＊ **ジャージ**　イギリス南海岸、リヴァプール近くの避暑地。エンゲルスがしばしば夏の休養先としていた。

マルクスも、イギリスで恐慌が始まる以前に、それを予告する論説（＊）をアメリカの『トリビューン』紙に書くなど、経済評論でその先見性を発揮していました。しかし、待望の恐慌は、実現しはしたものの、イギリスでもヨーロッパ大陸でも、革命はもちろん、労働運動の高揚の状況も生みださないまま、過ぎ去りました。

＊ **予告する論説**　「一八四四年の銀行法とイギリスの貨幣恐慌」（全集⑫所収）のこと。この論説は、一八五七年一一月二一日に、『トリビューン』紙に掲載された。マルクスがこれを執筆して『トリビューン』に送ったのは、工業恐慌が始まる前の一一月六日だった。マルクスは、この事情をエンゲルスに次のように説明していた。

「『トリビューン』では、僕はちょっとした満足を味わった。一一月六日に、僕は同紙への論説の中で一八四四年の銀行法を解説したのだが、その時、次のように書いておいた。すなわち、銀行法停止の茶番が数日すれば演じられるであろうが、この貨幣パニックをあまり騒ぎたてることはないのであって、本当の大事件は目前に迫っている工業の崩壊なのである、と。『トリビューン』はこれを社説として掲げた」（マルクスからエンゲルスへ　一八五七年一二月八日　全集㉙一七九ページ）。

第二章　恐慌論探究の第一段階

——利潤率低下の法則に根拠を求めて——

（一）『五七～五八年草稿』の場合

『一八五七〜五八年草稿』の執筆開始

マルクスは、まさにこの時期に、それまでの経済学研究の成果をまとめて、『資本論』にいたる最初の草稿（『一八五七〜五八年草稿』）の執筆を開始しました（執筆開始は一八五七年一一月）。恐慌の勃発についてのエンゲルスの先の手紙を受けてすぐ、マルクスは、ロンドンの経済状況を知らせる手紙を書き（一八五七年一二月八日）、その最後の部分で、いよいよ『草稿』の執筆を開始したことを、次のような調子で知らせました。

「マンチェスターの状態にかんする君の情報は、新聞がこれにヴェールをかぶせているだけに、僕にはきわめて興味深いものがある。

僕は、毎晩、夜を徹して、気違いのように、経済学研究の取りまとめにかかっている、大洪水の来るまえに、せめて要綱だけでもはっきりさせておこうと思ってね」（全集㉙一八一ページ）。

「大洪水」とは、恐慌に続いて起こると期待されるヨーロッパの革命のことです。マルクスも、エンゲルス同様、革命の必至を予想していたのでした。

その一〇日後に、マルクスは、（一）『草稿』の仕事と（二）恐慌の世界的な情報記録の作成と、この二つの仕事を大車輪でやっていることを、エンゲルスに知らせました。

「僕はものすごく勉強している、たいてい、朝の四時までやる。勉強することが倍あるからだ、すなわち、一、経済学の要綱の仕上げ。（読者のために問題を根底まで掘り下げること、そして僕個人としてはこの悪夢から解放されることがどうしても必要なのだ。）
二、現在の恐慌。これについては――『トリビューン』に書く論説以外は――ノートを取るだけなのだが、これがしかし、相当時間を食うのだ。春あたりにふたりでいっしょに、この問題についてパンフレットを書くことを考えているのだが、これは僕たちが相変わらず健在であり、再び現われたことをドイツの読者に再び告げるためだ。僕は大きなノートを三冊つくった〔＊〕――イギリス、ドイツ、フランスだ。アメリカにかんする件は、資料は全部『トリビューン』に出ている。これはあとでまとめればよい。……
あとになると、君もこんなに必要な恐慌の『醜聞録』を、どうしてもやはり全部忘れてしまうから、時間の許す限り、たびたび僕に書いてよこしてくれたまえ。僕が君の手紙から抜き書して、主要ノートに書き込んでおくよ」（一二月一八日　全集㉙一八七～一八八ページ、『書簡選集・上』一一二ページ）。

＊　マルクスの〝恐慌ノート〟　ドイツのマルクス研究者クラウス・ディーター・ブロックとロルフ・ヘッカーによると、マルクスの〝恐慌ノート〟は、次の三項目からなっていました。

「3冊のノートでは、テーマ面で次のような重点が取り扱われている。

ノート1『1857年、フランス』は、フランス、イタリア、スペインにおける1857年恐慌の経過に関する新聞切りぬきを含む資料集である。この中には1857年10月から12月にかけてのパリの株式相場、フランス銀行およびフランスの輸出入や穀物貿易や金属市場に関するデータがある。株式相場（1857年12月から1858年1月）はマルクスによってひとつの表にまとめられた。

ノート2『1857年恐慌ノート』ではイギリスにおける恐慌の経過が記述されている。ロンドンの貨幣市場・農産物市場・工業製品市場、1857年11月から12月の輸出入ならびに1857年11月から58年1月のハンブルク、北部王国、プロシア、オーストリア（ドイツ）における株式市場の発展の関連についての情報はその一部である。

ノート3『商業恐慌ノート』はとくにイギリス、合衆国、中国、インド、エジプト、オーストラリアにおける1857年の商業恐慌についての論評と表を含んでいる。そして、『1857年恐慌』に関する1858年1月2日付『エコノミスト』の報道がノートを締めくくっている」（「カール・マルクスの1857年恐慌のノート」一九九一年。『マルクス・エンゲルス　マルクス主義研究』誌第一八号［一九九三年四月］所載の高頭伸一氏の訳文による）。

『草稿』執筆の理論的前提を探る

こういう状況で、一八五七年恐慌の勃発・激化とほぼ同じ時期に執筆を開始したのが、『一八五七〜五八年草稿』でした。それだけに、恐慌がどういう仕組みで起こるかという問題の解決に挑戦することが、マルクスの頭脳の中で、最大の課題の一つとして提起されていただろうことは、容易に推定されることです。

これはあくまで私の推論に属することですが、マルクスが、経済学の全領域にわたる多年の研究をもとに、次の二つの理論問題を解決したことが、この時期に著作の執筆にとりかかる動機とも前提ともなったのではないでしょうか。

第一は、資本主義的搾取の秘密——剰余価値の生産の秘密を、ここにいたる時期に、マルクスが根本から解決したことです。マルクスが、資本主義的搾取の仕組みの解明に正面から挑戦した最初の労作は、一八四八年の革命のさなかに『新ライン新聞』に連載した論文「賃労働と資本」ですが、この時点では、マルクスはまだこの問題の解決に全面的には成功しておらず、「剰余価値」の概念も登場していませんでした〔＊〕。

＊ **「賃労働と資本」** 現行の「賃労働と資本」は、一八九一年の刊行の際に、エンゲルスが改定の手をくわえたものである。そのさい、エンゲルスは搾取のしくみの理論的解明については、

多くの補筆をおこなったが、歴史に逆らって「剰余価値」の概念を使うことまではしなかった。

第二は、リカードウら古典派経済学者たちをなやませてきた「利潤率の低下の法則」の理論的解明をおこなったことです。

資本主義の発展とともに、利潤率には低下する傾向がある、この現象は、古典派経済学者たちもすでに発見していた現象でしたが、そこには、彼らを苦しめる大きな難問がありました。

まず、利潤率の低下の原因がはっきりしないことです。この問題に取り組んだリカードウは、結局、資本の蓄積と人口の増加が進むと穀物需要が大きくなり、劣等地の耕作などで農産物価格が上昇する、その結果、資本の所得（利潤）にたいして賃金部分が増加せざるを得なくなる、という仕組みに、利潤率低下の原因があるという結論に到達しました。

もう一つは、より重大な難問でした。利潤率の低下が不可避の法則だとなると、資本主義の前途はどうなるか、という問題です。この傾向が続けば、やがては、資本にとって、生産活動は、成功した場合の利益よりも、生産過程で遭遇する危険や損失の方が大きいという段階をむかえる、そうなれば「蓄積の動機」はまったく消滅する、これが、リカードウの到達した結論でした〔＊〕。

＊ **リカードウの資本主義「危機」論**　リカードウは、その主著『経済学および課税の原理』

で、利潤率の低下傾向の不可避的な到達点を、次のように描き出した。

彼ら〔農業者や製造業者――不破〕の蓄積の動機は、利潤が減少するたびごとに減少し、彼らの利潤が非常に低くて、彼らの煩労と、彼らがその資本を生産的に使用するさいに必然的に遭遇しなければならない危険とを、十分償うに足りないときは、まったく消滅するであろう」（堀経夫訳『リカードゥ全集I』雄松堂書店、一九七二年、一四三ページ）。

マルクスは、リカードウを悩ましたこの難問に、剰余価値の学説を武器に、〝快刀乱麻を断つ〟とも言える見事な解決をあたえました。

古典派経済学者たちは、資本の区分と言えば、「固定資本」と「流動資本」の区別しか知りませんでしたが、マルクスは、剰余価値の理論にもとづいて、資本を「可変資本」と「不変資本」の二つの部分に区別します。労働力の購入にあてる「可変資本」は生産過程で剰余価値を生み出しますが、生産手段・原料などの購入にあてる「不変資本」は、生産手段などの摩耗・消費部分に相当する価値を再生産するだけです。ですから、「可変資本」「不変資本」の概念を使って資本主義的生産の発展を分析すれば、生産力の発展とともに「不変資本」の比重が大きくなりますから、投下した総資本にたいする剰余価値あるいは利潤の割合、すなわち利潤率が低下してゆくことは、誰にもすぐわかる話です。

しかし、この筋道は、剰余価値の学説に立ったからこそ解明できたものでした。

そして、マルクスが利潤率の低下の秘密を解明したことは、経済学の革命とも言ってよい重大な意義をもったのでした。

マルクスが、いつ、どのようにしてこれらの問題を解決したかを示す文献的記録はありませんが、この二つの問題の解決に成功したことは、『五七〜五八年草稿』の構想全体の理論上の大前提という意義をもっていました。

ただ、ここで注目する必要があるのは、マルクスが、リカードウの難問を解決したさいに、利潤率の低下に資本主義の危機を見た「危機」論そのものを受け継いでしまったことです。その結果、『五七〜五八年草稿』から始まるかなり長い時期、「利潤率の低下の法則」をもって資本主義的生産様式の没落の必然性の根拠とし、そのなかに恐慌問題も組み込むという論立てが、マルクスの資本主義「没落」論の一つの柱となっていったのでした。

『五七〜五八年草稿』（その一）。利潤率低下の法則の発見

では、『五七〜五八年草稿』が、資本主義の「没落」過程をどう解明しているかを見てゆきましょう。

この『草稿』の最後の部分——資本と利潤の関係を分析する「第三の項目」〔＊〕で、マルクスは、交換過程に始まる恐慌の可能性や、いっさいの制限を超えて生産を拡大しようとする資本

の利潤追求の欲求がはらむ恐慌の根拠などを各所で指摘しますが、恐慌と「没落」の必然性の証明として最後に持ち出すのは、資本主義的生産を支配する「利潤率低下の法則」です。

＊ **第三の項目** 『草稿』では、「Ⅲ 資本にかんする章」を、「第一章 資本の生産過程」、「第二の項目 資本の流通過程」、「第三の項目 果実をもたらすものとしての資本。利子。利潤。（生産費用、等々）」と題する三つの部分にわけています。

マルクスは、ここで、生産力の発展が、「生きた労働」に投下する資本部分（可変資本）にくらべて、機械装置などの生産手段や原料に投下する資本部分（不変資本）の割合を大きくすることをまず指摘し、「生きた労働と交換される部分が少なくなればなるほど、利潤の率はそれだけ小さくなる」と論じます（『資本論草稿集』②五五五ページ）。そして、この事実をさまざまな角度から吟味したあとで、そのことの重大性を、最大限の形容詞を使って強調します。

「これは、あらゆる点で、近代の経済学の最も重要な法則であり、そしてもっとも困難な諸関係を理解するための最も本質的な法則である。それは、歴史的な見地から見て、最も重要な法則である。それは、その単純さにもかかわらず、これまでけっして理解されたことがなく、まして意識的に言い表わされたこともない法則である」（同前五五七ページ）。

続いてマルクスは、この法則の意義を、さまざまな角度から強調するのですが、次つぎと現われるどの文章も、そこに表現される危機的な事態（そのなかには恐慌も資本主義の没落も含まれる）

と利潤率低下の法則との必然的な関係は説明されず、いわばマルクスの一方的宣言となっているのが特徴です。

「生産諸力の発展が、ある一定の点を越えると、資本にとっての制限となり、したがって、資本関係が労働の生産諸力の発展にとっての制限となるのである。この点に達すると、資本、すなわち賃労働は、社会的富と生産諸力との発展にたいして、同業組合制度、農奴制、奴隷制がはいったのと同じ関係にはいり、そして桎梏《しっこく》として必然的に脱ぎすてられる」（同前五五八ページ）。

「もろもろの尖鋭《せんえい》な矛盾、恐慌、痙攣《けいれん》において、社会の生産的な発展が社会の従来の生産諸関係とますます適合しなくなっていることが表現される」（同前五五八〜五五九ページ）。

「［利潤率低下の法則の作用のもとでは——不破］生産力の最高の発展は、現存する富の最大の拡大と相まって、資本の減価、労働者の退廃、そして彼の生命力の最もあからさまな消尽《しょうじん》と同時に生じるであろう。これらの矛盾はもろもろの爆発、激変、恐慌をもたらすが、そのさい資本は、労働の一時的な停止や資本の大きな部分の破壊によって、自害することなくその生産力を引き続き十分に充用できるような点にまで、強力的に引き戻される。それにもかかわらず、規則的に生じるこれらの破局は、さらに高い規模でのそれらの反復に、そして最後には、資本の強力的な転覆にいたることになる」（同前五五九ページ）。

ここには、マルクスの断定があるだけで、利潤率の低下の法則が、どうして資本主義的生産を没落にみちびくかについても、それがなぜ恐慌をひき起こす動因となるかについても、明確な理論的説明はありません。その証明は先のことにして、証明したい命題をまず提示して見せた、というのが、この一節を書いた時のマルクスの真意だったのかもしれません。

『五七〜五八年草稿』（その二）。「資本の文明化作用」

恐慌論については、『五七〜五八年草稿』に、もう一つ見逃すわけにゆかない重要な命題があります。それは、利潤の追求をなによりの原動力として、生産力の無制限な発展に向かって進むことが、資本主義的生産の本来の衝動だという指摘です。

マルクスは、資本が、剰余価値生産の拡大を至高の目的として、ひたすら生産と消費の拡大をめざすことを、「資本の文明化作用」と呼び、その内容と結果を次のように描き出しました。

「資本にもとづく生産は、一方では普遍的な産業活動――すなわち剰余労働、価値を創造する労働――をつくりだすとともに、他方では、自然および人間の諸属性の全般的な開発利用の一体系《システム》、全般的な有用性の一体系をつくりだすのである。……このようにして、資本がはじめて、市民社会〔ブルジョア社会〕を、そして社会の成員による自然および社会的関連それ自体の普遍的取得を、つくりだすのである。ここから資本の偉大な文明化作用〔＊〕が生じ、資本による一つの社会段階の生産が生じるのであって、この社会段階に比べれば、それ以前のすべての段階は、人類の局地的諸発展として、自然崇拝として現われるにすぎない」（『資本論草稿集』②一七～一八ページ）。

＊**資本の文明化作用**　マルクスは、「資本の文明化」という言葉で、人間社会の歴史的発展のなかで資本主義段階がになう進歩的役割を表現したのだが、この言葉は、『資本論』第三部にも登場する。

「資本がこの剰余労働を、奴隷制・農奴制などの以前の諸形態のもとでよりも、生産諸力の発展にとって、社会的諸関係の発展にとって、またより高度の新たな社会形態のための諸要素の創造にとって、いっそう有利な様式と諸条件のもとで強制するということは、資本の文明化的側面の一つである」（新書版『資本論』⑬一四三三～一四三四ページ、〔Ⅲ〕八二七ページ）。

『五七～五八年草稿』の、この文章に続く部分で、マルクスは、資本のこの傾向の意義づけをめぐるリカードウとシスモンディの論争を紹介していますが、その紹介を、次のリカードウ批判の文章で結んでいるのは、興味深い点です。

「リカードウとその学派全体は、資本のこうした矛盾が現実の近代的恐慌のたびに大暴風雨となって爆発し、この暴風雨が社会および生産そのものの基礎である資本自体の存立をますますおびやかすようになることを、けっして把握することがなかった」（『資本論草稿集』②二〇ページ)。

続く部分で、マルクスは、この角度から恐慌の必然性をとらえた一連の議論を展開しますが、『草稿』の後半部分で、『五七〜五八年草稿』の最終的な結論として、利潤率低下の法則の作用による恐慌論を論じたときには、この命題とこれまでに展開してきた恐慌論との関連は最後まで明らかにされませんでした。

結局、利潤率の低下の法則が恐慌を生み出すという理論が、『五七〜五八年草稿』の結論的命題となったのですが、その証明は、より先の段階に、宿題として残されることになったのです。

『草稿』執筆後に問題提起の一石を

マルクスが『五七〜五八年草稿』を書き終えたのは、一八五八年八月ですが、その二カ月後の『トリビューン』紙上の論説「イギリスの商業と金融」(一八五八年一〇月四日付)で、マルクスは、恐慌論の根本にかかわるたいへん重大な問題提起をおこないました。

それは、イギリス議会が任命した特別委員会が、一八五七〜五八年恐慌についての報告書を発表し、そのなかで、恐慌の真の原因は「主として過度の投機および信用の濫用《らんよう》によるものであった」という結論を「満足をもって」確認した、と申し立てたことを批判しての問題提起でした。

マルクスはいいます。過度の投機や信用の濫用が恐慌の引き金となることは、誰でも認めるいわば自明の事実だが、問題は、そこにあるわけではない。どういう事情で、「過度投機と仮空信用のこうした時期」が生まれるのか、その究明にこそ、特別委員会の任務があったのではなかったか。こういう痛烈な批判をしたうえで、マルクスは、解決すべき本当の問題は別のところにあった、として、次のように述べました。

「問題はむしろ次の点にある。すなわち、すべて現代の工業的国民のあいだで、人々が、きわめて見えすいた幻想にまどわされて、いわば周期的に自分の財産を手ばなす発作にとらえられるのは、しかも一〇年ごとにくりかえされるこっぴどい警告にもかかわらずそうなるのは、いったいなぜであるか、ということである。ほとんど規則的に、一般的な自己幻惑、過度投機と仮空信用のこうした時期を再生産する社会的諸事情は、いったいなんであるか？」（全集⑫五四二～五四三ページ）。

これこそ、まさに、マルクスがいま取り組んでおり、納得できる解決にまだ到達できないでいる、経済学の中心問題そのものでした。

マルクスは、続けます。

「ひとたびこれらの諸事情が探しだされたならば、われわれはきわめて簡単な二者択一に到達することになろう。すなわち、これらの諸事情は、社会がこれを制御しうるものであるのか、それとも現存の生産制度に固有のものであるのか。第一の場合には社会は恐慌を回避することができるが、第二の場合には、この制度が存続するかぎり、季節の自然の移り変わりと同じように、これに耐えてゆかなければならない」（同前五四三ページ）。

当時の読者は、これを、特別委員会への批判的論評としてだけ読んだだろうと思いますが、マルクスの研究の状況を知っている私たちは、いまだ満足のゆく結論に到達していない恐慌論研究を、どうしても完成させようという、マルクスの決意のほどを、そこから読みとることができます。

（二）『一八六一～六三年草稿』の場合

『六一～六三年草稿』での「没落」論は？

マルクスは、『五七～五八年草稿』を書きおえて三年後の一八六一年八月、次の草稿『一八六一～六三年草稿』の執筆にとりかかりました。「資本の生産過程」の章〔＊1〕から書き始めたのですが、機械論のところで、資本主義的生産の機械段階についての実際的知識の不足を痛感、「生産過程」の篇の執筆を中断し、その後ほぼ一年間を機械段階の知識の習得にあてました〔＊2〕。しかし、そこで草稿執筆をやめたわけではなく、その間に、まず、第三の章となるはずの

「資本と利潤」を書き、続いて、最後の部分となるべき「剰余価値に関する諸学説」の章の執筆にあたったのでした。

＊1　マルクスの草稿では、「篇」「章」の扱いが統一されておらず、「資本の生産過程」は「資本一般」の「I」、「資本と利潤」は「第三章」、「剰余価値に関する諸学説」は「五」、といった調子なので、ここでは便宜的に「篇」「章」の表記に統一した。

＊2　**一年にわたる機械知識の習得**　この経過は、不破『マルクス　弁証法観の進化を探る』（二〇二〇年、新日本出版社）の「機械論での挫折　草稿執筆を中断する」の節（九六～一〇〇ページ）で、かなり詳しく紹介した。

「資本と利潤」の章は、『五七～五八年草稿』では、「第三の項目　果実をもたらすものとしての資本。利子。利潤。（生産費用）」という大きな表題があるだけで、論述の区分もなく、一気に書き下ろしたという感じの草稿でした。しかし、『六一～六三年草稿』では、章の構成にも大きな変化がありました。章全体が七つの節に区分され、最初の五つの節で、剰余価値と利潤の関係を詳細に説明し、第六節で「生産費」を論じ、最後の第七節が、利潤率の低下の問題にあてられたのです〔＊〕。

＊　この節には「資本主義的生産の進行に伴う利潤率の低下に関する一般的法則」という表題がつけられているが、これは、この部分を収録した『資本論草稿集』⑧の編集者がつけたもので

す。マルクスは、第六節以外には、この章のどの節にも表題をつけないままであった。

マルクスは、この節の冒頭で、実際の利潤も利潤率も、個々の資本によって違いがあるが、「資本家階級の総資本」とそれが生み出す総剰余価値を問題にするなら、「多数の諸資本間の競争に立ち入ることなしに、一般的法則をこれまでに展開された資本の一般的性質から直接に導きだすことができる」と言明したうえで、利潤率低下の法則の意義を、次のような最大限の形容句を使って強調します。

「この一般的法則こそが、資本主義的生産の進行に伴って利潤率は低下する傾向をもつという法則なのであり、これこそが経済学の最も重要な法則なのである」（『資本論草稿集』⑧一四四ページ）。

マルクスは続けて利潤率の低下が恐慌を生み出すという問題に話を進めます。

「それでは、このような一般的利潤率の低下傾向は何が原因で生じるのか？　この問題に答える前に、われわれは、この低下傾向がこれまでブルジョア経済学の大きな不安の種になってきたことを指摘しておくことができる。リカードウ学派やマルサス学派の全体は、この過程がひき起こすにちがいないであろう最後の審判の日のために悲痛な叫び声をあげている。というのは、資本主義的生産は利潤の生産なのだから、この利潤が減少するにつれてその生産の刺激やその生産の生き生きとした魂を喪失することになるからである。これにたいして、他の経済学者たちは、負けず劣らず特徴的ないろいろな慰めになる理由をこれまでにもちだしてきた。ところが、理論と並んで実際に現われるのは、資本の過剰から生ずる恐慌であり、または同じことになるが、利潤率低下の結果として資本が踏み込む無謀な冒険である。このことから、恐慌が、――フラートンを見よ〔＊〕――資本の過多《プレトラ》を救済して健全な利潤率を回復するために必要な暴力的手段として認められている恐慌が、起こるのである」（同前一四五ページ）。

＊　**フラートン**、ジョン（一七八〇～一八四九）イギリスの経済学者。貨幣流通と信用に関する著作がある。

利潤率の低下がなぜ、恐慌を生むのか。この文章だけでは、立証が足りないと思ったのでしょうか。マルクスは、『草稿』で五ページほど先のところで、より詳しい説明を試みます。

「こうした利潤率の低下につれて、労働を生産的に充用するために一般に必要とされる資本の最小限――または資本家の手になければならない高さの生産手段の集積――は増大する。この最小限は、労働を搾取するためにも、また、ただ生産物を生産するために社会的に必要とされる必要労働時間を充用するためだけにも、必要なのである。それと同時に蓄積も、すなわち集積も増大する。というのは、利潤率の低い大資本のほうが利潤率の高い小資本よりも急速に蓄積を進めるからである。この増大する集積は、それ自身また、ある一定の高さに達すれば、再び利潤率の新たな低下をひき起こす。そのために、より小さな分散した諸資本の大群はわれ先に冒険〔の道へ駆り立てられる〕。このために恐慌〔へと追いこまれる〕。いわゆる資本の過多は、いつでもただ、利潤率の低下が利潤の量によって償われない資本の過多だけに関連している。（フラートンを見よ）」（同前一五八ページ）。

これが、利潤率の低下がどうして恐慌をもたらすのか、という根本問題について、マルクスが『六一〜六三年草稿』に書きつけた論拠のすべてです。

しかし、〝利潤率の低下が恐慌をもたらす〟という資本主義経済の大局にかかわる大命題の立証のために、小資本の大群の無謀な行動を持ち出す、というのは、無理筋の論理ではなかったでしょうか。

マルクスも、「第三章　資本と利潤」はともかく書きおえたものの、これがまだ終着駅とはならないことを自覚せざるをえなかったようです。そこで、『六一〜六三年草稿』を書きおえて一年後、「資本論」第三部の前半部分の執筆にとりかかった時に、あらためて三度目の、より本格的な挑戦をおこなうことにしたのでした。

（三）『資本論』第三部第三篇での再挑戦（一八六四年）

冒頭の問題提起は明確だが

マルクスは、いよいよ一八六四年夏、この問題での三回目の挑戦である『資本論』第三部前半部分〔＊1〕の執筆にとりかかりました。そこでの最大の問題は、「第三篇　利潤率の傾向的低下の法則」〔＊2〕、なかでも、この法則の作用が恐慌を生み出す、という命題の証明にありました。

＊1　**『資本論』の名称と構成の変更**　ここでは、便宜上、「『資本論』第三部の前半部分」と呼んだが、正確に言うと、「資本一般」の篇の第三部の最初の草稿である。マルクスは、『五七〜五八年草稿』の執筆を開始した時、その著作の構成を、次のように説明していた。

「全体が六巻に分かれるはずだ。(1)資本について。(2)土地所有。(3)賃労働。(4)国家。(5)国際貿易。(6)世界市場。

I　資本は四つの篇に分かれる。(a)資本一般。……(b)競争……。(c)信用……。(d)株式資本」（マルクスからエンゲルスへ　一八五八年四月二日　『書簡選集・上』一二一ページ）。

この構想は、第三部の執筆を開始した一八六四年の時点でも変わっていなかったから、正確に言えば、「資本一般」の篇の第三部ということになる。そして、その翌年、第二部第一草稿のなかでの恐慌論の発見が画期となって、著作の執筆構想全体にかかわる大きな転換が起こり、いま私たちが読んでいる『資本論』の新しい構成が誕生したのだった。

＊2　**第三部第三篇の構成**　マルクスは、第三篇について「資本主義的生産の進歩のなかでの一般的利潤率の傾向的低下の法則」という表題をつけたが、各章に表題はつけられていなかった。この篇の現在の章・節の編成の多くは、その内容に即して、エンゲルスがおこなったものである。

利潤率の低下という現象そのものは、現実の経済過程で実証され、その仕組みも明らかになっている問題ですから、この現象を説明する前半部分には、なんの問題もありません。

問題は、エンゲルスが「この法則の内的諸矛盾の展開」という表題をつけた最後の部分（第一五章）にありました。

マルクスは、この章の最初の部分で、利潤率の低下と加速度的蓄積が、生産力の発展過程の「異なる表現」にすぎないことを指摘した後、この章で研究すべき主題を、次のように描き出します。

「他方、総資本の価値増殖率すなわち利潤率が資本主義的生産の刺激である（資本の価値増殖が資本主義的生産の唯一の目的であるように）限り、利潤率の低下は、新たな自立的諸資本の形成を緩慢《かんまん》にし、こうして資本主義的生産過程の発展をおびやかすものとして現われる。それは、過剰生産、投機、恐慌、過剰人口と並存する過剰資本を促進する。したがって、リカードウと同様に資本主義的生産様式を絶対的な生産様式と考える経済学者たちも、ここでは、この生産様式が自分自身にたいして制限をつくり出すことを感じ、それゆえ、この制限を生産のせいにはしないで自然のせいにする（地代論において）。しかし、利潤率の低下にたいする彼らの恐怖のなかで重要なのは、資本主義的生産様式は、生産諸力の発展について、富の生産そのものとはなんの関係もない制限を見いだす、という気持ちである。そして、この特有な制限は、資本主義的生産様式の被制限性とその単に歴史的な一時的な性格とを証明する。それは、資本主義的生産様式が富の生産にとって絶対的な生産様式ではなくて、むしろ一定の段階では富のそれ以上の発展と衝突するようになるということを証明する」（新書版⑨四一二ページ、〔Ⅲ〕二五二ページ）。

マルクスはここで、「利潤率の低下」が「過剰生産、投機、恐慌、過剰人口と並存する過剰資本を促進する」と明言しています。つまり、利潤率の低下が過剰生産や恐慌の原因となるとし、その関係を究明することを、この章の課題として提起したのです。

こういう予告的な問題提起をしたものの、この章では、問題提起にふさわしい解答をあたえることは、ついにできませんでした。

この研究のなかで、マルクスは、資本主義的生産様式に内在する諸矛盾やこの生産様式の克服の展望について多くの貴重な指摘をおこないました。しかし、恐慌問題そのものについては、いくつかのごく部分的な言明を残しただけで、ことの本質にせまる解明には成功しなかったのです。

そして、一八六四年後半の『資本論』第三部第三篇でのこの探究は、利潤率の低下の法則に恐慌の根拠を求めるという方向での、マルクスの最後の努力となりました。

考えてみると、恐慌は資本主義経済を襲う周期的現象です。これに対して、利潤率の低下というのは、その過程に波の上下はあるとしても、高い水準からより低い水準に向かう方向性をもった現象です。こういう一方向に向かう運動の中に、恐慌のような周期的運動の根拠を求めるというのは、そもそもの発想自体に無理があった、と言わなければならないでしょう。

第三章　恐慌の運動論の発見
——一八六五年の大転換——

（一）運動論の登場の年・一八六五年

恐慌の運動論の最初の登場

マルクスは一八六四年後半に『資本論』第三部の最初の部分（第一篇〜第三篇）の執筆を終えた後、翌一八六五年の一月から、『資本論』第二部「資本の流通過程」の最初の草稿〔＊〕の執筆に取りかかりました。「流通過程」論は、『五七〜五八年草稿』や『六一〜六三年草稿』のなかで、部分的にはいろいろな角度から取り上げてきた問題でしたが、全体のプランを立てて本格的に草稿執筆にとりかかったのは、これがはじめてでした。

＊　ここでいう『資本論』も、前章の「注」（本書二三九〜二四〇ページ）で説明した「資本一般」の段階のもの。

（一）『資本論』第二部の第一草稿は、一八六五年前半に執筆されたものと推定されていますが、恐慌の運動論についての最初の記述が登場するのは、その「第一章　資本の流通」の「第一節　資本の諸変態」のなかでした。

この章のほぼ半ばぐらい、循環の第一の形態、「Ｇ—Ｗ。Ｐ。Ｗ′—Ｇ′」〔＊〕の考察の途中で、突然、次のような考察が書きこまれました。

＊　**資本の循環の図式**　マルクスが、資本の循環過程を表現した図式。Ｇは最初に投下する貨幣

資本、Wはそれで購入された諸商品（生産手段と労働力）、Pは生産過程、W′はその生産物（剰余価値を含む）、G′はその販売によって転化した貨幣資本（剰余価値を含む）を表現している。マルクスは、循環の起点を変えながら、この循環過程をいくつかの角度から考察してゆく。

「もしも銀行が資本家Aに、彼が彼の商品にたいする支払いのかわりに受け取った手形にたいして（割引で）銀行券を前貸しするか、あるいは直接に、まだ売れていない彼の商品にたいして彼に銀行券を前貸しするとすれば、この銀行券は相変わらず、対象化された労働を、つまり〔資本家〕Aの商品のうちにすでに物質化されている労働を表わすのであり、それは現存する商品の転化形態であろう。〔その場合は、〕ただ、商品あるいは支払手段（手形）が貨幣に転化される時間が先取りされ、それによって、流通過程が短縮され、再生産過程が加速される、等々というだけであろう、――ただ商品の貨幣さなぎ化が先取りされるだけであろう。またこの過程を通じて、販売が現実の需要から独立化し、架空のW―G―Wが現実《レアール》のそれにとってかわることができ、そこから、恐慌が伝播されうるのである。（過剰生産、等々。）」（前出『資本の流通過程』三五ページ）。

マルクスは、『五七～五八年草稿』以来、一貫して、利潤率低下の法則にこそ恐慌発生および資本主義的生産の「必然的没落」の根拠があるという見地に立ち、第二部第一草稿の直前、すなわち、一八六四年後半に執筆した『資本論』第三部前半（第一篇～第三篇）のなかでも、そのことの証明に力をつくしたものの、成功しないまま筆をおいたところでした。

そして、一八六五年初めから、資本の流通過程を取り扱う第二部の最初の草稿執筆にとりかかりました。そこで、G—W…P…W′—G′という資本の循環過程に、銀行券の前貸しという経済行為がくわわる場合を研究するなかで、いままでの考察ではどうしても見えてこなかった恐慌の発生の仕組みが、現実的な姿をとって現われてきたのです。それを書きつけたのが、いま引用した文章です。

これまでの長い探究の過程でなかなか見えてこなかった恐慌発生の仕組みが、予想外のところで突然姿を現わした、そんな情景を思わせる突然の衝撃的な発見でした。

W′—G′の転化時間の「先取り」、それによる「流通過程の短縮」、「架空のW—G—W」などは、それ以後、恐慌の運動論にしばしば顔を出す新しい諸規定ですが、運動論特有のこれらの術語が早くもそろって登場しているところにも、新しい発見に心をふるわせたマルクスの感激と喜びが反映している気がします。ここで、とくに重要な点は、「架空のW—G—W」という問題です。「架空のW—G—W」、つまり資本主義の機構そのものが生みだす「架空の需要」とその巨大化が、恐慌という大破局を生み出す、という指摘でした。

なお、この文章では、「架空のW—G—W」および「流通過程の短縮」をひき起こすのは、「銀行」の介入とされていますが、マルクスは、次にこの問題を取り上げた時には、介入するのは

「銀行」ではなく、「商人」だと訂正します（『資本の流通過程』四八ページ）。銀行の貸付では、「販売」が先送りされるだけで、本当の意味での流通過程の短縮にはならないことに気がついて、訂正したのでした。

私は、『マルクスと「資本論」――再生産論と恐慌』（雑誌『経済』連載二〇〇二年、単行本は全三巻、新日本出版社、二〇〇三年）で、恐慌を生み出す仕組みについてのマルクスのこの解明を見いだしたとき以来、これを「恐慌の運動論」と呼んできました。

資本の循環過程のシミュレーション的記述

このあと、マルクスは、発見以前の文章に戻って、資本の循環の諸形態の分析を、第二形態（W。―P。―W′―G′―W（流通）W（総変態の結果としての））から第三形態（P（生産過程）。―C（流通過程）。〔W′―G―W〕―P）、第四形態（W′―〔W′―G―W〕―P―W′）まで続けてゆきます。そしてその間に、新たな発見についての考察を頭の中で仕上げていったのでしょう。さきの発見を記した文章から草稿で六ページほど先になりますが、「四つの形態のすべてから生じてくる結論」を簡潔にまとめたうえで、あらためて、新たに発見された恐慌の運動論をもとに、資本主義的生産の根本矛盾（生産の無制限的な拡張を求める資本の衝動と限定された労働者の消費との矛盾）がどのような経過で恐慌を生み出すかについての記述、すなわち、恐慌にいたる資本の循環過程のシミュレーション的な叙述をおこないました。それが次の文章です。中身をよみとりやすくするために、いくつかの段落に区切って紹介します。

（1）「W′は、売られると、つまり貨幣に転化されると（それが流通手段としての貨幣の介在によって行なわれるのか、それとも、価値残高の決済のための支払手段としての貨幣によって行なわれるのかはまったくどうでもよい）、すぐにそれは、労働過程の、それゆえにまた再生産過程の実在《レエル》的諸要因に再転化されうるのである。だから、W′が本当の最終消費者によって購買されているのか、あるいは、それをふたたび売るつもりでいる商人によって買われているのかは、直接には事態をなんら変えるものではない」（『資本の流通過程』四七〜四八ページ）。

（2）「したがって、再生産過程は、そこで産出された諸商品—生産過程の諸結果——が、個人的消費を予定されたものであって、現実には消費にはいっていなくても、ある範囲内では——というのは、一定の限界を越えると、市場の供給過剰と、そしてそれにともなう再生産過程自体の停滞が起こるであろうから——拡大された規模ないし同じ規模で進行することができる」（同前四八ページ）。

（3）「もしこの過程が拡大されているときには——それは生産諸手段の生産的消費の拡大を含む——、このような資本の再生産は、労働者の個人的消費（したがって需要）の拡大をともなうことがありうる。なぜなら、これは、生産的消費に含まれているからである」（同前）。

（4）「こうして、剰余価値の生産が、それゆえ資本家の繁栄が、労働者の消費と需要が増大し、全再生産過程が繁栄のさなかにあるというのにもかかわらず、商品の一大部分は、ただ見かけの上でだけ消費にはいったのであり、現実にはしかし、売れないまま転売者たちの手のなかにある、したがって、実際にはまだ市場にある、ということがありうるのである」(同前)。

(5)「さしあたりは商品の流れが次から次へと続き、そしてついに、前の流れはただ見かけの上でだけ消費に呑みこまれているのだ、ということが明るみにでる。商品資本家たちは市場でたがいにその席を奪い合う。あとからやって来るものは、売るためには価格を下げて売る。以前の流れをまだ捌《さば》くことができないでいるのに、それの買い手には支払期限がやってくる。彼らは、破産を宣言せざるをえない、等々、そして、支払うためにはどんな価格でも売る。このような販売は、需要の現実の状態とは絶対になんの関係もない。それは、ただ、支払金にたいする需要に、どんな価格ででも商品を貨幣に転化させたいという絶対的な必要に、関係があるだけである」(同前)。

(6)「そのときに、全般的な瓦解《がかい》、恐慌が勃発する。それは、消費的需要の、つまり個人的消費のための需要の直接の減退することによってではなく、資本と資本との交換の、資本の再生産過程の、減退において、目に見えるようになる」(同前四八～四九ページ、訳文には草稿原文にもとづく若干の修正がある)。

経済循環と世界市場、信用制度

マルクスは、続く文章で、新たに発見された恐慌の運動論のなかで、世界市場と信用制度がどういう役割をするかについて、今後の研究の指針となる重要な問題提起をしますが、この問題のそれ以上の展開はここではおこなわれませんでした。

「こうした現象〔恐慌にいたる経済循環のこと――不破〕が生じるのは、商品の貨幣への転化が――世界市場と信用制度とによって――最終購買者への商品の販売から独立して行なわれるからである。つまり、商品の貨幣への転化が先取りされ、かつ、――ある範囲内で――それの現実の個人的消費の過程から独立して行なわれるからである。しかし、こうした先取りの諸形態をつくり出すことは、是非とも必要なのであって、それは資本主義的生産様式からひとりでに生まれてくるものである。この生産様式の生産物は、それの〔生産〕規模とその規模のたえざる拡張欲求とによって〔規定されるの〕であって、需要の、満たされるべき諸欲望の、前もって定められた範囲によって〔規定される〕のではない。資本主義的生産様式は、それの〔生産〕過程の規模が必要とする、流通過程を短縮する形態を信用のなかでつくり出すのであり、そして、この生産様式によって同時につくり出される世界市場は、具体的などんな場合にも、この形態の作用を見えなくすることを助け、あわせてこの形態に、拡張という点で特別の活動の場を提供するのである。恐慌を信用の濫用から説明するということは、恐慌を資本の現象的な流通形態から説明することを意味する」（同前四九ページ、訳文について同前）。

以上が、『資本論』第二部第一草稿に記述された恐慌の運動論の全文です〔＊〕。

＊　新版『資本論』では、マルクスが恐慌論の本格的展開を予定していた第二部の最後の部分に、第二部第一草稿の関係部分の全文を、「訳注」の形式で掲載している（新版⑦八五九～八六二ページ）。

この運動論の発見とともに、マルクスは、利潤率の低下の法則に恐慌の根拠を求めるこれまでの立場やそれと結びついた「恐慌＝革命」説に終止符を打ち、資本主義的生産様式の「必然的没落」についての新しい理論的見地に足を踏み出すことになったのでした。そして、この発見はまた、「資本一般」という枠組みを捨て、『資本論』そのものの構成を根本的に転換する転機となりました。

その新たな理論的見地を体現したのが、その二年後、一八六七年に公刊された『資本論』第一部ですが、ここでは、恐慌の運動論そのもののその後の展開の追跡に主題をしぼって、マルクスのその後の研究を追ってゆきたいと思います。

（二）商人資本論での具体化

「資本一般」の枠組みを捨てる――『資本論』への構想転換

マルクスは、一八六五年前半に第二部第一草稿を書き終えると、同年の夏から第三部の続稿を書き始めます。しかし、その構想は、一八六四年後半の第三部第一篇～第三篇の執筆当時の予定とは内容がまったく違っていました〔＊〕。

＊ **第三部の前半と後半** 『資本論』の第三部を読む際には、前半と後半との執筆時期のこの違いに、特別に注意する必要がある。恐慌の運動論を発見する以前に執筆された第三篇は、利潤率低下の法則の作用で恐慌と体制没落を説明しようとする最後の努力がおこなわれた篇だったが、第四篇以後は、恐慌の運動論の発見とそのことがもたらす『資本論』の構成の変化を考慮に入れたうえで執筆した諸篇である。だから、ここでは、恐慌の発生と展開の全経過が、利潤率低下の法則をまったく問題にしない内容で展開されている。言い換えれば、第三部の、第三篇と第四篇とのあいだには、内容的に大きな断絶がある。

マルクスは、第三部前半部分については、新しい見地に立って必要な修正をおこなう時間をもたないまま、その生涯を閉じた。新しい見地に立てば、第三篇は、利潤率の傾向的低下の法則を解明した「第一三章　この法則そのもの」は重要な意義をもつものの、資本主義の没落の必然性をこの法則の作用によって説明した「第一五章　この法則の内的諸矛盾の展開」は、当然、削除されるべき部分だった。しかし、エンゲルスが、第二部第一草稿での恐慌論の発展を見落としたまま、第三部の編集にあたったために、現行の『資本論』には、克服ずみの古い見解がそのまま残るという結果になったのだった。

以前の構想は、資本主義社会の三大階級に対応する「資本」、「土地所有」、「賃労働」をそれぞれ独立の巻で研究し、「資本」の巻についても、まず「資本一般」の章でその一般的諸規定を研究したのちに、より具体的諸形態に進むという構想でしたが、恐慌の運動論の発見は、「資本一般」という枠組みはもちろん、三大階級の経済的基礎をそれぞれの巻で研究するという構想そのものに終止符を打つべきことを、示唆するものでした。そのことを自覚したマルクスは、第三部続稿の執筆にあたって、「資本一般」という従来の枠組みを捨て、資本主義的生産様式の全体を『資本』の研究対象とするという、構想の根本的転換にふみきりました。

そのために、転換以前の構想では、第三部の第四篇は、剰余価値の新たな分割、すなわち、商業利潤および利子の成立を分析の対象とする予定でしたが〔＊1〕、それを二つの篇に分割し、

第四篇では、商業利潤の成立の問題だけでなく、商人資本の運動全体を分析の対象とする、第五篇では、利子の成立の問題だけでなく、利子生み資本の運動の全体、すなわち、信用制度そのものを研究の対象とするという新たな構想に踏み出したのです。そして、「地代」の研究までが、第三部第六篇として『資本』に含まれることになりました（＊2）。

＊1　以前の構想では、第四篇の表題は、「商品取引資本と貨幣取引資本。利子と産業利潤（企業利得）とへの利潤の分裂。利子生み資本」となっていた。

＊2　内容的には、第四篇以後の諸篇は、マルクスにとっては、その分野に初めて足を踏み入れるという領域が多くあった。信用制度の問題は、これまでの諸草稿ではほとんど未開拓の分野だった。地代論の問題は、『六一～六三年草稿』の「諸学説」の部分でかなり立ち入った研究をおこなっていたが、差額地代の第二形態の問題など、ここで初めて取り上げた問題もあった。当然、そこには最終的な結論に至る過程での探究的な部分も残されていることに注意する必要がある。

こうして、恐慌の運動論の発見は、「六巻構想」の第一部「資本」の最初の部分（「資本一般」）としての『資本』が、「六巻構想」全体の主要部分を包括する『資本』、すなわち、今日の『資本論』に発展するという、『資本論』成立史上のもっとも重大な転換につながることになったのです。

ここでの主題は、恐慌の運動論のその後の展開を追跡することにありますから、『資本論』の構想転換の問題には、これ以上の論及はおこないませんが、商人資本の運動全体がこの篇の研究対象になったことは、新しい恐慌論を追跡するというこの「補論」の主題にとっても、たいへん大きな意味を持つ結果を生み出しました。

マルクスが、商人資本を論じるこの第四篇に、恐慌の運動論の内容を、かなり詳細に書き込んだのです。

商人資本論のなかで恐慌の運動論を展開

この篇は、五つの章に分かれています。最初の「第一六章　商品取引資本」では商業資本の自立化の根拠とその意義が解明され、「第一七章　商業利潤」では剰余価値の一部が商業利潤に分割されるその論理と仕組みが分析され、「第一八章　商人資本の回転。諸価格」では、商人資本の運動が研究の対象とされ、「第一九章　貨幣取引資本」では貨幣商品の取引業（両替業、地金取引業など）が研究され、最後の章がこの分野の歴史です（「第二〇章　商人資本にかんする歴史的概要」）。

この中の三つ目の章、「商人資本の回転。諸価格」のなかに、第二部第一草稿で発見したばかりの恐慌の運動論が、今度はいわば商人資本の立場からの考察として、しかし内容的にはより詳細に、より具体的な語り口で登場するのです。ここでその全文を紹介しますが、現行の『資本論』で、第二部第一草稿で発見された恐慌の運動論がマルクス自身の言葉で説明されている唯一の箇所ですから、注意して読んでいただきたいと思います。

「商人資本は、第一に、生産資本のために局面W—Gを短縮する。第二に、近代的信用制度のもとでは、商人資本は社会の総貨幣資本の一大部分を使用することができ、その結果、すでに買ったものを終極的に売ってしまうまえに、自分の購入を繰り返すことができる。その場合、わが商人が直接に最終消費者に売るのか、それともこの両者のあいだに一ダースもの別の商人が介在するのかは、どうでもよいことである。与えられたどんな制限も乗り越えてつねに推進されうる再生産過程の巨大な弾力性のもとでは、商人は、生産そのものにはどんな制限も見いださないか、またはせいぜい非常に弾力性のある制限を見いだすだけである。［ここから恐慌の運動論が始まる――不破］したがってここに、商品の本性に由来するW—GとG—Wとの分離のほかに、架空の需要がつくり出される。商人資本の運動は、その運動の自立化にもかかわらず、流通部面内における産業資本の運動以外のなにものでもない。しかし、商人資本は、その自立化によって、ある限界内では再生産過程の諸制限にはかかわりなく運動するのであり、それゆえ再生産過程をその制限を越えてまでも推進する。内的依存性と外的自立性とは、商人資本をかり立てて、内的な連関が暴力的に、恐慌によって回復される点にまで到達させるのである。

恐慌がまず出現し爆発するのは、直接的消費に関係する小売業においてではなく、卸売業と、これに社会の貨幣資本を用立てる銀行業との部面においてであるという恐慌の現象はこうして生じるのである」（新書版⑨五一四〜五一五ページ、〔Ⅲ〕三一六ページ）。

第二部第一草稿での記述が生産資本を主体としての記述であったのに対し、ここでは商人資本を主体としての記述になっていますから、表現の違いは当然ありますが、ここで描き出されているのが、まさに恐慌の運動論にたっての、恐慌にいたる過程と仕組みの記述であることは、すぐ理解されることだと思います。そして、商人資本の役割をめぐっては、マルクスの考察は、最初の発見当時の記述にくらべて、現実により深く迫る具体性を帯びてきています。

重要なことは、マルクスが、その考察をここでとどめないで、続く部分で、製造業者と輸出業者、中間商人などのあいだの関係、さまざまな産業資本家の相互の関係、労働者の個人的消費とその限界などを考慮に入れて、恐慌にいたる過程のシミュレーションを、第二部第一草稿での考察にくらべてもより立ち入った内容で展開していることです。

「製造業者は現実に輸出業者に売り、この輸出業者はまた外国の取引先に売るであろうし、輸入業者は彼の原料を製造業者に売り、この製造業者は、彼の生産物を卸売商人に売るであろう、等々。しかし、どこか目立たない個々の地点で、商品は売れないままになっている。または、こんどは、すべての生産者と中間商人との在庫がしだいに過剰になってくる。まさにそのような場合にこそ消費はもっとも盛んになるのがつねである。なぜなら、一部には、一人の産業資本家が他の産業資本家たちを順々に運動させるからであり、一部には、彼らの就業させる労働者たちが完全就業をして通常よりも多くの支出をしうるからである。資本家たちの所得とともに、彼らの支出も増加する。さらに、すでに見たように（第二部第三篇〔＊〕）、不変資本と不変資本とのあいだにも恒常的な流通が（促進される蓄積を度外視しても）行なわれており、この流通は、決して個人的消費にはいり込まない限りではさしあたり個人的消費にかかわりがないが、にもかかわらず終極的には個人的消費によって限界づけられている。というのは、不変資本の生産は、決して不変資本そのもののために行なわれるのではなく、個人的消費にはいり込む生産物を生産する生産諸部面でより多くの不変資本が使用されるからこそ行なわれるからである。とはいえ、これ〔不変資本の生産〕は、しばらくは、見込み需要に刺激されて平穏に進行することができ、それゆえこれらの部門では、商人の場合も産業家の場合も事業は非常に景気よく進展する。遠隔地に売る（または国内でも在庫の山をかかえてしまっている）商人たちの〔支出の〕還流が緩慢になって、まばらになり、その結果、銀行には支払いを迫られたり、諸商品購入のさいに振り出した手形が諸商品の転売が行なわれないうちに満期になるということになれば、ただちに恐慌が到来する。そこで強制販売、支払いをするための販売が始まる。そうなればそこにあるのは崩落であって、それは外見的な繁栄に一挙に結末をつけるのである」（新書版⑨五一五〜五一六ページ、〔Ⅲ〕三一六〜三一七ページ）。

＊　**第二部第三篇**　マルクスは、この文章を執筆した時点では、第二部については第一草稿を

書いていただけだった。第一草稿では、「第三章　流通と再生産」の「第一節　資本と資本との交換、資本と収入との交換、および、不変資本の再生産」（『資本の流通過程』大月書店、一九八二年刊、一九九～二五一ページ）の後半部分で、「不変資本の相互補填」（同前二四四ページなど）の問題が検討されている。引用した文章のなかの「第二部第三篇」という括弧付きの書き込みは、エンゲルスによるもの。

第三部第四篇のこの文章は、現行『資本論』のなかで、マルクスが、一八六五年に発見した恐慌の運動論を自分の言葉で描き出し、それが修正なしでそのまま残された唯一の貴重な文章です〔＊〕。商人資本論のなかの文章なので、商人資本の特殊な運動形態の記述として読み過ごされがちですが、そこに展開されているのは、マルクスの到達した最新の恐慌論そのものの詳細な解明です。そういう文章として、その深い内容を、注意して読み取ってほしいと思います。

＊　**唯一の文章**　恐慌の運動論について初めて記述した第二部第一草稿の文章は、エンゲルスが第二部編集の際、第一草稿は「断片的な論稿」として「利用」しないとする態度をとったため、編集の対象からはずされた。

（三）産業循環についての本格的考察の登場
――「利子生み資本」論――

『資本論』第三部後半部分の執筆の際の、もう一つの重要な発展は、恐慌を資本主義的生産の運動の法則的な一局面と見る、「産業循環」という規定が新しい意義をもって登場したことです。恐慌を資本主義的没落の最終段階と見なす従来の見地では、「産業循環」という概念や言葉は登場しても、経済学の本格的な研究の対象とはならなかったのでした。

「産業循環」という規定の新しい登場の初舞台となったのは、「第五篇　利子と企業者所得とへの利潤の分割。利子生み資本」でした。同じ意味の別表現である「経済循環」という言葉自体は、第四篇の商人資本論のなかですでに登場していましたが、それは内容説明ぬきのごく軽いタッチの出場でした〔＊〕。

＊「同じ商業部門の内部でも、経済循環の局面が異なれば、回転は速いことも遅いこともある」（新書版⑨五二二ページ、〔Ⅲ〕三二〇ページ）。

第五篇では、次に見るように、最初から、「産業循環」の、経済学的概念規定を明確にした本格的な登場でした。第五篇冒頭の「第二一章　利子生み資本」に続く「第二二章　利潤の分割、利子率、利子率の『自然』率」のなかの、次の文章です。

「近代的産業がそのなかで運動する回転循環――沈静状態、活気の増大、繁栄、過剰生産、崩落［マルクスの草稿では英語で「恐慌（クライシス）」――不破］、停滞、沈静状態など、その詳しい分析はわれわれの考察の範囲外にある循環――を考察すれば、利子の低い水準はたいてい繁栄の時期または特別利潤の時期に対応し、利子の上昇は繁栄とその急変との分かれ目に対応するが、極度の高利水準にまで達する利子の最高限のほうは恐慌に対応していることを見いだすであろう」（新書版⑩六〇九ページ、〔Ⅲ〕三七二〜三七三ページ）。

ここでは、「循環」の「詳しい分析」は「考察の範囲外にある」との断り書きをしていますが、マルクスは、すこし先の章では、「産業循環」そのもののより立ち入った解説をおこなっています。商業信用の様相が循環の局面の推移に応じて、どう変化するかを解説したのち、その考察を総括する形で述べた次の文章です。

「この産業循環は、ひとたび最初の衝撃が与えられたあとでは、同じ循環が周期的に再生産されざるをえないという事態になる。弛緩《しかん》状態においては、生産は、それが以前の循環において到達した規模、そしていまではそのための技術的基盤ができている規模以下に低下する。繁栄期――中位期――においては、生産は、この基盤の上でさらに発展する。過剰生産と思惑［マルクスの草稿では英語で「過剰取引」――不破］の時期には、生産は、生産諸力を最高度に緊張させ、ついに生産過程の資本主義的諸制限を超えさせるまでになる」（新書版⑪八四五ページ、〔Ⅲ〕五〇六～五〇七ページ）。

この文章から訳書で一〇ページほど前の部分ですが、マルクスはそこで、恐慌の起こる根拠について、重要な考察をおこなっていました。

まず、この考察が次のいくつかの条件を前提としてのものであることが、説明されます。それは、（1）全社会が、産業資本家たちと賃労働者たちだけで構成されていること、（2）価格変動、信用制度によって助長される取引、投機的取引を度外視すること、です。そのうえで、マルクスは、「すべての現実の恐慌の根拠」について、次のように語ります。

「そうすれば〔先の二つの条件を前提すれば、という意味――不破〕、恐慌は、ただ、さまざまな部門における生産の不均衡からと、資本家たち自身の消費と彼らの蓄積とのあいだの不均衡からのみ、説明されうるであろう。しかし、実際のところは、生産に投じられた諸資本の補填の大部分は、生産的でない諸階級の消費能力に依存する。他方、労働者たちの消費能力は、一部は、労賃の諸法則によって制限され、一部は、労働者たちは、彼らが資本家階級のために利潤をもたらすように使用されうる限りにおいてしか使用されないということによって制限されている。すべての現実の恐慌の究極の根拠は、依然としてつねに、〔＊〕資本主義的生産の衝動と対比しての、すなわち、社会の絶対的消費能力だけがその限界をなしているかのように生産諸力を発展させようとするその衝動と対比しての、大衆の貧困と消費制限である」（新書版⑪八三五ページ、〔Ⅲ〕五〇一ページ）。

＊〔＊〕以下の文章は、マルクスの草稿では「一方では大衆の貧困であり、他方では、社会の絶対的消費能力がその限界をなしているかのように生産諸力を発展させようとする、資本主義的生産様式の衝動である」となっている。

先ほど、第二部第一草稿での恐慌の運動論の発見について説明したところで、生産の無制限的な拡張を求める資本の衝動と限定された労働者の消費との矛盾という「資本主義的生産の根本矛盾」が恐慌を現実のものとする過程についての、マルクスのシミュレーション的叙述を紹介しました（本書二四六〜二四九ページ）。いま見た文章は、その矛盾を「現実の恐慌の究極の根拠」と意義づけて、あらためてその詳細な解明をおこなったものです。

第四章　『資本論』第一部（一八六七年）とそれ以後

マルクスは、第三部の後半部分（第四篇〜第七篇）を一八六五年後半に執筆したあと、一八六六年一月から新構想にもとづく『資本論』第一部の執筆に取り組み、一八六七年九月、『資本論』第一部初版を刊行しました。

この第一部で展開された恐慌論の内容は、二つの問題に要約されます。

商品生産と恐慌の可能性

一つは、商品生産のなかに恐慌の可能性が存在することの指摘です。これは、すでに『経済学批判』（一八五九年）のなかで提起された問題〔＊〕ですが、『資本論』第一部では、マルクスは、より精密な理論展開をおこないました。

＊『経済学批判』での提起　この著作の「第二章」の「二　流通手段」の「a　商品の変態」のなかで、「交換過程での購買と販売との分離」は「一言でいえば、商業恐慌の一般的可能性である」と言明していた（全集⑬七八ページ）。

マルクスは、生産物の交換が、貨幣の登場によって、販売と購買との対立に分裂したとき、生産物交換の時代には存在しなかった恐慌の可能性が生まれることを、歴史的かつ論理的に解明します。そして、商品生産に内在する矛盾が、商品交換の過程で、その矛盾の「発展した諸形態を受け取る」と述べたうえで、この諸形態のなかに「恐慌の可能性」が含まれていることを、指摘するのです。

「これらの形態は、恐慌の可能性を、とはいえただ可能性のみを、含んでいる。この可能性の現実性への発展は、単純な商品流通の立場からはまだまったく存在しない諸関係の全範囲を必要とする」（新版①二〇〇～二〇一ページ、〔Ⅰ〕一二八ページ）。

恐慌を経済循環の一局面としてとらえる

二つ目の問題は、第三部後半の場合と同じように、恐慌を経済循環の一局面として説明することです。

「工場制度の巨大な飛躍的な拡張可能性と世界市場への工場制度の依存性とは、必然的に、熱病的な生産とそれに続く市場の過充《かじゅう》をつくり出すが、市場の収縮とともに麻痺が現われる。産業の生活は、中位の活気、繁栄、過剰生産、恐慌、停滞という諸時期の一系列に転化する。機械経営が労働者の就業に、それとともにその生活状態に押しつける不確実性と不安定性とは、産業循環の諸時期のこのような変動によって正常なものとなる」（新版③七九四ページ、〔Ⅰ〕四七六ページ）。

『資本論』では、この文章に続く部分で、一七七〇年から一八六三年までのイギリスの綿工業の推移を例にとって、産業循環にともなって工場労働者がどんな過酷な運命にさらされるかの、年表的な記述〔＊〕をおこなっています（新版③七九七～七九八ページ、〔Ⅰ〕四七七～四七八ページ）。

＊**年表的な記述**　この年表は、『六一～六三年草稿』での記述（『資本論草稿集』⑨二八四～二八七ページ）を整理しなおしたもの。この草稿を書いた時期には、この年表は、経済循環の記録というよりも、綿業の盛衰のもと労働者がどんな過酷な目にあってきたかの実情報告として作成したものだった。それ以後の四年間にマルクスの問題意識が発展し、同じ年表に、産業循環のもとでの工場労働者の運命を体現する歴史的事実という、新しいより重要な意義があたえられた。

マルクスは、『資本論』第一部の「第二三章　資本主義的蓄積の一般的法則」では、産業循環が労働者をどんな過酷な運命にさらすかを、さらに詳細に論じました。

マルクスは、この章で、資本主義的蓄積が、その発展過程で「過剰労働者人口」を必然的にうみだすこと、そしてこの過剰人口こそは、産業循環の浮き沈みを乗り越えて、資本の飛躍的な発展を可能とする「産業予備軍」となっていることを、事実と論理をもって浮き彫り的に描き出しました。

マルクスは、そこで、「蓄積とそれにともなう労働生産力の発展とにつれて、資本の突然の膨張力が増大する」とし、その実例を具体的に列挙したあと、次のように語ります。

「すべてこのような場合には、大量の人間を、突然に、しかも他の部面での生産規模に損害を与えることなく、決定的な部面に投げ込みうるのでなければならない。過剰人口がそれを提供する。近代的産業の特徴的な生活行路、すなわち、比較的小さな変動によって中断されながら、中位の活気、全力をあげての生産、恐慌、および停滞の諸期間からなる一〇ヵ年の循環という形態は、産業予備軍または過剰人口の不断の形成、大なり小なりの吸収、および再形成にもとづく。産業循環の浮き沈みは、それがまた、過剰人口に新兵を補充し、過剰人口のもっとも精力的な再生産動因の一つとなる」（新版④一一〇四ページ、〔Ｉ〕六六一ページ）。

このように資本主義的生産の生活行路の特徴である産業循環について語りながら、マルクスは、産業循環をひき起こす最大の根源である恐慌がどうして起こるか、という問題については、第一部では、一言も語りません。それは、マルクスが、恐慌の起こる仕組みの探究は第一部以外の場所に求められるべき問題であることを、よく承知していたからでした。

では、恐慌がどうして起こるかという問題への回答はどこで与えられるのか。一八六四年以前には、第三部の利潤率低下の法則の研究のなかで与えられる、と考えていたマルクスでしたが、恐慌の運動論が明らかになった新しい段階で、どこに求めるべきか、マルクスは、第一部では、この問題への回答を示していません。

その回答は、次の段階に持ちこされました。

利潤率の低下傾向の新しい位置づけ
一八六八年四月（エンゲルスへの手紙）

マルクスは、一八六八年四月三〇日、エンゲルスへの手紙で、執筆中の『資本論』第二部、第三部の概略を説明しましたが、そのなかでの第三部前半部（第一篇〜第三篇）の内容説明は独特の特徴をおびていました。

第一篇（剰余価値の利潤への転化、および剰余価値率の利潤率への転化）と第二篇（利潤率の平均利潤への転化）については、その篇の骨子を詳細に説明していたのに、第三篇（利潤率の傾向的低下の法則）については、次のたいへん簡単な説明で済ませてしまったのです。

「Ⅲ　社会の進歩につれての利潤率の低下傾向。これは、すでに、社会的生産力の発展につれての資本構成の変化について第一部で展開されたことからも、明らかだ。これこそは、これまでのすべての経済学を困惑させた難問にたいする最大の勝利の一つなのだ」（『書簡選集・中』四八ページ）。

これは、第三篇のうちの「第一三章　この法則そのもの」だけの内容説明です。

資本主義的生産の発展とともに利潤率が低下する、この事実そのものは、経験法則として、リカードウら「これまでのすべて経済学」者が知っており、その根拠がわからず、いたずらに「困惑」や現体制の前途への危機感を表明するだけでした。その根源は、彼らが剰余価値を知らず、そのために資本と利潤との関係を分析する科学的方法をもちえなかったからでした。この難問を、マルクスは、剰余価値学説に立って、不変資本と可変資本という科学的概念をもって生産力の発展と利潤率との関係を解き明かし、この難問を見事に解決した、このことを、マルクスは「これまでの経済学」にたいする「最大の勝利」と意義づけたのです。

ここには、注意して読み取るべきもう一つの点があります。それは、マルクスが、第三篇については、最初の章の「この法則そのもの」の説明だけにとどめて、次の二つの章(「反対に作用する諸要因」と「この法則の内的諸矛盾の展開」)については一言も語らなかったことです。これは、利潤率の低下の法則を、恐慌や資本主義的生産の没落の必然性と結びつけようとした第三篇の草稿執筆の時期の見解を、マルクスがすでに卒業し乗り越えてしまったことの、マルクス自身による端的な表明でした。

そして、私の知識の範囲で言えば、エンゲルスへのこの手紙は、マルクスが利潤率低下の法則について語った最後の文章となりました。

第五章　恐慌論を『資本論』のどこで展開するか

――第二部の諸草稿をめぐって――

（一）第二草稿での覚え書

マルクスが恐慌論展開の主舞台としたのは、やはり、「資本の流通過程」の研究を主題とした第二部でした。

ここで、第二部の検討に入りますが、マルクスの恐慌論展開の経緯をたどるという本稿の趣旨から、第二部の篇・章別構成の順序ではなく、それらの草稿の執筆時期を追う形で検討を進めることを、まずご了解ください。

マルクスは、第一部刊行の翌年、一八六七年八月末～六八年にまず第三草稿と第四草稿を書き、一八六八年春から第二草稿にとりかかり、一八七〇年半ばごろにその執筆を終えたようです

〔＊〕。第二草稿は総ページ数二〇二ページ、第二部の諸草稿のなかでは、最も分厚い草稿です。

＊　第二部諸草稿の執筆時期は、『新メガ』の推定によった。本書一〇〇〜一〇一ページに、各草稿の執筆時間などを一覧にしてまとめている。

第二草稿の「第二篇　資本の回転」の「第一六章　可変資本の回転」のなかに、マルクスは、恐慌の問題について、次のような覚え書を書き込みました。

「資本主義的生産様式における矛盾。商品の買い手としての労働者は市場にとって重要である。彼の商品――労働力――の売り手としては、それを最低限に制限する傾向をもつ。さらに次の矛盾――資本主義的生産がその全力能を傾注する時代、限度まで生産する時代は、過剰生産の諸時期であることが明らかになる。なぜなら、生産の諸力能は、それによって剰余価値が生産されうるばかりでなく実現もされうるかぎりでのみ、使用されうるからである。そして、商品資本の実現（商品の販売）、したがってまた剰余価値の実現は、社会の消費欲求によってではなく、その大多数がつねに貧乏であり、またつねに貧乏のままでいなければならないような社会の消費欲求によって限界づけられ、制限されているからである、等々。とはいえまず第一に、この話全体は、次の章《カピテル》に属する」（新版⑥五〇二ページ、〔Ⅱ〕三一八ページ、傍点はマルクス）〔＊〕。

＊　現行版には、エンゲルスが誤読した部分があり、故大谷禎之介氏の解読によって、その部

分を訂正した。
なお、第二部諸草稿からの引用については、第一草稿以外は日本語訳がないので、『資本論』の引用箇所のページ数だけを記載した。

ここでマルクスは、剰余価値の生産を規定的目的とする資本主義社会において、「過剰生産」、すなわち恐慌が起こる根拠を、剰余価値の生産と実現との矛盾という、きわめて簡潔な言葉で説明していますが、この矛盾がなぜ周期的な恐慌を生み出すのか、という運動論の問題にまでは論を進めていません。それらの解明は、すべて「次の篇」、すなわち「第三篇　社会的総資本の再生産と流通」で問題になる、というのが、マルクスの考えでした。

ここで、第二部第三篇を、恐慌論の全般的な展開の舞台とするという構想が初めて確定したものとして明らかにされたわけですが、第二草稿の執筆は、第三篇まで進まないうちに中断しました〔＊〕。

＊　**第二草稿での第三篇部分のプラン**　マルクスは、第二草稿の冒頭のページに、第二部の次のような「目次」を書いていた。それは、「第一章　資本の循環」、「第二章　資本の回転」、「第三章　流通＝再生産過程の現実的諸条件」となっており、第一章、第二章は、そのなかの節や項の区分まで書かれているが、第三章については、次の前半部分を書いただけで中断していた。

恐慌論は、おそらく、第二節で取り上げる予定だったと想定される（『新メガ』第二部第一一巻四ページ）。

「第三章　流通＝再生産過程の現実的諸条件

第一節　社会的観点から考察された可変資本、不変資本および剰余価値

A　単純再生産

a　媒介する貨幣流通のない場合の説明

b　媒介する貨幣流通のある場合の説明

B　拡大された規模での再生産。蓄積

a　貨幣流通のない場合の説明

b　媒介する貨幣流通のある場合の説明

第二節」。

（一二）第二部草稿への恐慌の運動論の再録（一八七七年）

第二草稿以後、次の草稿にかかるまでには、六年ほどの空白がありましたが、マルクスは、一

八七六年一〇月～七七年の年央と七七年四月下旬から七月末までに、第五草稿を書きました。現在の第二部第一篇のほぼ半分（第二章～第四章）は、この草稿からとられています。

第一草稿での運動論の記述が「傍注」に再現する

この第一篇の主題は「資本の回転」で、G（貨幣資本）―W（商品資本）…P（生産資本）…W′―G′―W…P…と続いてゆく資本の回転を、まず貨幣資本Gの回転という角度からとらえ、ついで生産資本Pの回転として、続いて商品資本Wの回転としてとらえる、こういう順序で論を進めてゆきます。この二番目の生産資本の回転を論じる章で、生産資本が生産活動によって生み出した商品資本W′の販売を論じながら、マルクスは、そこに商人が介入する場合があることを、ごく軽いタッチで指摘するのです。

「W′―G′という行為は、資本価値の循環の継続のために、また資本家による剰余価値の消費のために、W′が貨幣に転化され、販売された、ということだけを想定する。W′が購買されるのは、もちろん、その物品がある使用価値であり、したがって生産的または個人的ななんらかの種類の消費に役立つからにほかならない。しかし、W′が、たとえば糸を買った商人の手中にあってさらに流通するとしても、そのことはさしあたり、この糸を生産して商人に売った個別資本の循環の継続には、少しも関係しない。全過程はその進行を続け、またそれとともに、その進行によって条件づけられる資本家および労働者の個人的消費も進行を続ける」（新版⑤一二三〜一二四ページ、〔Ⅱ〕八〇ページ）。

この過程への商人の介入は、ここで直接の主題としている生産資本の回転には、何の影響もおよぼしません。それはマルクス自身が「全過程はその進行を続ける」と書いている通りです。しかし、角度を変えて問題を見るとどうでしょう。生産資本の回転G′—W′に商人が介入するということは、恐慌の運動論で、再生産過程で恐慌が勃発する契機と位置づけられた経済行為そのものではありませんか。そこで、マルクスは、この文章の末尾に、次の一句を書きくわえました。

「恐慌の考察にさいして重要な一点」（同前一二四ページ、〔Ⅱ〕同前）。

そして、草稿ではこのページの下欄に、この「重要な一点」にかかわる「傍注」として、まず第二部第一草稿の恐慌の運動論の主要部分（本稿で第二部第一草稿から引用したとき、（1）〜（6）と区切って紹介した部分のほぼ全文、本書二四七〜二四九ページ）を書き写し、これを「傍注1」と題しました。

恐慌論を本格的に展開する場所は、すでに第三篇の後半と決めていますから、この「傍注」は、ここで「重要な一点」としたその内容が第一草稿で発見した恐慌の運動論に関連する「一点」であることを示した「傍注」と見るべきでしょう。その意味は、第三篇の後半部分で恐慌論を展開するときに備えた、予備的な書き写しだったと推測されます〔＊〕。そしてこのことから、マルクスが、第一草稿で発見した恐慌の運動論を、一八七六〜七七年という第五草稿執筆の時点で、自身の恐慌理論の核心をなすものとして引き続き位置づけていたことを、推察することができます。

＊ **大谷禎之介氏の第二部草稿研究から**　故大谷禎之介氏は、「『資本論』第二部仕上げのための苦闘の軌跡――MEGA第Ⅱ部門第11巻の刊行に寄せて」（『経済』二〇〇九年三・四・五月号）のなかで、マルクスの『資本論』第二部草稿執筆の経過を詳論し、マルクスが第五草稿の執筆の過程で、これまでの諸稿から「利用すべき諸箇所」を整理したのちに、それを参照しながら、第五草稿のいろいろな部分に、「以前の叙述」の多くの箇所を書き込んでいったとして、その経過を次のように記述していた。

「彼［マルクス――不破］は1877年の4月下旬から7月末にかけて、この『利用すべき諸箇所』を参照しながら、ブランクとなっていた第5稿の各ページの下半部に、以前の叙述から多くの箇所を、『原初稿』への『追補』または『注』のかたちで書き加えた」（大谷『資本論草稿にマルクスの苦闘を読む』三四〇ページ、桜井書店　二〇一八年）。

いま見た恐慌問題についての「傍注」も、この経過の中で書かれたものだと思われる。

恐慌の運動論を補強する「傍注２」（第五草稿）

マルクスは、この「傍注1」を書き込む際に、その出所を明示しませんでした。そして、この「傍注」を「傍注1」としたうえでその末尾に「傍注2」と記しました。

そして「傍注2」として、新たな二つの考察を書きこみました。

「傍注2　循環G―G′は、直接には商品W′の消費で終わるのではなく、その購買によって終結する。その消費は、その商品を生みだした資本の循環には含まれていない。たとえば糸は販売されてしまえばすぐに、販売されたその糸がさしあたりどうなろうとも、糸であらわされた資本価値の循環は新たに始まりうる。生産物が販売される限り、資本主義的生産者の立場から見れば万事は規則正しく進行する。彼によって代表される資本価値のその循環は中断されない。

資本主義的生産によってつくり出される商品総量の広がりは、この生産の規模とこの規模の不断の拡大への欲求とによって規定されるのであり、需要と供給との、充足されるべき諸欲求の、ある予定された範囲によって規定されるのではない。大量生産は、その直接の買い手としては卸売商人しかもちえない」。

この第二の傍注の前半部分は、「傍注1」よりあとの時期の、第二草稿（一八六八～一八七〇年執筆）からとられたものです（後半部分は第一草稿から）。マルクスは、一八六五年に執筆した「傍注1」の内容を、恐慌論の運動論の定式化として維持しながら、それをさらに補強するものとして、この「傍注2」を書き加えたのだと思います。

エンゲルスは、この二つの「傍注」をこの時点での本文の補足としてとらえ、「傍注2」を「傍注1」のなかに組み込んだうえで、全体を本文にとりこみました。そのために、この部分は、現行版では、第二部第一草稿の恐慌論の重要部分の再現でありながらマルクスの恐慌論を正確に伝える役割をはたしえないという、現行第二部の理解困難な一節となってしまったのでした（新版⑤一二四ページ三行目～一二五ページ一二行目、〔Ⅱ〕八〇～八一ページ）〔＊〕。

＊　**エンゲルスの編集について**　先に、第三章（一）の「循環過程のシミュレーション的記述」の節（本書二四六～二四九ページ）で、マルクスのシミュレーション的記述の文章を六つの節に区切って紹介したが、エンゲルスは、編集にあたって、「傍注2」の後半の文章を（1）の節に続く部分に、前半の文章は（2）の節に続く部分に挿入した。

なお、「傍注2」から取り込んだ文章については、前著『「資本論」探究　全三部を歴史的に読む・上』（二〇一八年）でもとりあげたが、そこには、この部分をエンゲルス自身の書き込みとする思い違いがあったので、ここで訂正させていただく（同書一八二～一九〇ページ）。

しかし、マルクスが、第二部の草稿執筆の後半段階、一八七六～七七年という時点で、かなり以前の時期に属する第一草稿および第二草稿に書き記した恐慌の運動論の最重要部分を「傍注」として書き写したことは、マルクスの恐慌理論の展開を歴史的に把握しようとする者にとっては、特別の重要な意義をもちます。この事実のうちには、マルクスが一八六五年に発見した恐慌の運動論をこの時点でひき続き自身の恐慌理論の核心に位置づけていたこと、第三篇の後半部分で展開する予定だった恐慌理論も、当然、この運動論を重要な内容として展開されるであろうことの、マルクス自身の筆による実証が含まれているからです。

（三）再生産論――恐慌の運動論の新しい領域（一八七七～八一年）

第二部の「第三篇　社会的総資本の再生産と流通」は、第七草稿（一八七八年七月執筆。一部は八〇年前半）および第八草稿（一八七七～七八年、七九～八一年執筆）から編集されたものですが、ここでは、恐慌の運動論の新しい領域への進展がありました。

恐慌論の新しい角度――異なる生産諸部門間の関係

その内容の検討に入る前に、第二部第一草稿で発見した恐慌の運動論に、もう一度立ち帰ってみたいと思います。

第一草稿では、恐慌の運動論の考察に当たって、特定の生産部門ではなく、生産部門一般を研究の対象とし、それぞれの生産部門がその活動のなかで関係する他の産業部門――生産物の販売先となる産業部門、あるいは原燃料や機械など生産手段の購入相手となる産業部門など――については、その存在を当然の前提として、それとの諸関係は問題外としました。こういう立場で、生産部門の経済的な運動を研究し、生産物の販売過程に商人という第三者が介入したときに、生産と需要のあいだに矛盾が発生し、その矛盾が拡大して恐慌にまで至る過程を追求したのでした。

第三篇での恐慌問題の研究は、まったく別の領域で、別の角度からおこなわれました。

そこで問題になるのは、異なる生産部門のあいだの生産物の売買関係です。「さまざまな部門における生産の不均衡」が恐慌を起こす要因の一つになるということは、第三部第五篇の執筆の際に（一八六五年後半）指摘されたことでしたが（前出、本書二六一ページ）、その後、この問題の本格的な研究はおこなわれないでいました。

この研究では、この売買関係への商人の介入は無視されます。

そして、産業全体が、消費手段生産部門（Ⅰ）と生産手段生産部門（Ⅱ）という二つの大部門に分割され〔＊〕、社会的な再生産過程が順調に進行するためには、この両部門のあいだにどのような量的関係が必要かということが、まず生産が同じ規模で進行する「単純再生産」の場合で、次に、生産規模の拡大を伴う「蓄積と拡大再生産」の場合で、研究されます。そして、単純再生産の場合には「Ⅰv＋m＝Ⅱc」という関係、拡大再生産の場合には「Ⅰv＋m＞Ⅱc」という関係の成立が、社会全体で再生産が順調に進行するための必須条件だという結論がひきだされます。

＊**二部門分割**　社会の産業全体を、生産手段生産部門（Ⅰ）と消費手段生産部門（Ⅱ）に分割して再生産過程の均衡条件を研究するという方法は、マルクスが、『六一～六三年草稿』のなかで考察に考察を重ねた上で、確立したものである（『資本論草稿集』⑤一〇九～一六九、三〇〇～三〇二、三五九～三九一ページ、『剰余価値学説史』全集㉖Ⅰ一〇一～一五八、二二〇～二二三、二六九～二九七ページ）。

そこでは、研究はもっぱら単純再生産の場合についておこなわれたが、単純再生産の均衡条件（Ⅰv＋m＝Ⅱc）の定式化に成功したのは、このときの長い研究の最後の時点においてだった（『草稿集』⑤三〇一～三〇二ページ、『学説史』全集㉖Ⅰ二二二～二二三ページ）。この時のマルクスの研究経過については、だいぶ以前の著作だが、不破『マルクスと「資本論」――再生産論と恐慌』①（新日本出版社、二〇〇三年）の第三篇・第四章の「再生産論の模索から形成まで」を参照。

なお、この表式での二つの部門について、生産手段生産部門を第一部門とする位置づけは、最後の第八草稿で確定したもので、それまでは、『六一～六三年草稿』から第二部第二草稿まで、順序はずっと逆になっていた。

諸部門間の均衡の破綻が恐慌の新たな可能性を生む

重要なことは、マルクスが、再生産過程のこれらの必須条件を探求する過程で、この問題と恐慌の関係について、次のような指摘をおこなっていることです。

「買い手があとで同じ価値額だけの売り手として登場し、また逆に売り手があとで同じ価値額だけの買い手として登場することによって均衡がつくりだされる限りでは、貨幣は、購買にさいしてこれを前貸しした側に、ふたたび買う前にまず売った側に還流する。しかし、商品転換そのものにかんする、すなわち年生産物のさまざまな部分の転換にかんする現実の均衡は、相互に転換される諸商品の価値額が等しいことを条件とする」(新版⑦八〇三ページ、〔Ⅱ〕四九〇ページ)。

抽象的な言い回しですが、マルクスがここで言っていることを、具体的な事例に引き直してみましょう。

私は、先ほど、単純再生産の場合に、「Ⅰv＋m＝Ⅱc」が再生産過程の進行条件になる、という話をしました。これは、具体的な言葉に言い直すと、Ⅰ部門、すなわち生産手段生産部門の資本家たちが、一年間の労賃総額と剰余価値総額の合計に見合うものとして手に入れる生産物の総価値が、Ⅱ部門、すなわち消費手段生産部門の資本家たちが、一年間に消費する生産手段の減価部分の総価値と同じだ、という等式です。この等式が現実のものとなってくれないと、資本主義経済の経済循環全体に破綻が起こるのです。

しかし、それぞれの資本家が自分なりの見通しを立てて生産活動を指揮するとしても、資本主義社会は計画経済の社会ではありませんから、相手側がこちらで予想した通りの生産活動をするかどうか、この問題では何の保証もありません。「Ⅰv＋m＝Ⅱc」という均衡条件は、経済の均衡ある発展には、この条件が必要だということを示すだけのもので、その反面では、現実がこの条件から外れたら、均衡の破綻、すなわち恐慌が現実の危険となることを表現しているのです。

マルクスは、このことを、「再生産の正常な進行の諸条件」が「同じ数の異常な進行の諸条件、すなわち恐慌の可能性」に急転するという、鋭い言葉で指摘します。

「商品生産が資本主義的生産の一般的形態であるという事実は、貨幣が資本主義的生産において単に流通手段としてだけでなく、貨幣資本として演じる役割をすでに含んでいるのであり、また、この生産様式に固有な、正常な転換の一定の諸条件を、したがって再生産――単純な規模でのであれ拡大された規模でのであれ――の正常な進行の諸条件を生み出すのであるが、これらの諸条件はそれと同じ数の異常な進行の諸条件に、すなわち恐慌の諸可能性に急転する。というのは、均衡は――この生産の自然発生的な姿態のもとでは――それ自身一つの偶然だからである」（同前八〇三～八〇四ページ、〔Ⅱ〕四九〇～四九一ページ）。

ここには、再生産論と結びついた恐慌の運動論の新しい提起――産業諸部門間の均衡条件の破綻が生み出す恐慌という、新たな可能性の指摘がありました。

（四）未筆に終わった恐慌理論の総合的叙述

マルクスは、第二部第二草稿の「覚え書」に書きつけたように、第二部第三篇の後半部分で、恐慌論を全体として取り上げることを予定していました。

このことが実現されたら、マルクスが『資本論』の各所でいろいろな角度から論じてきた恐慌論の決算的な労作となったであろうことは、疑いありません。

しかし、マルクスは、七〇年代最終段階の経済情勢を、新しい特徴をもった経済恐慌の世界的な進展の時期としてとらえており、その経過を完全に把握し、新たな経済的分析を仕上げることなしには、第二部の公刊には取り組めない、と考えていました。

マルクスは、そのことを、一八七九年四月に書いたロシアの経済学者ダニエリソーンへの手紙に、次のように書いていました。

「さて、まずお伝えしなければなりませんが（これはまったく内輪の話です）、私の第二巻〔『資本論』の――不破〕は、現在の制度が、今のような厳しさでつづいているかぎり、出版することはできないとドイツから知らせてきました。この知らせは現状からみれば、意外なものではありません。ありていに言えば、それは次のような理由から、すこしも私を困らすものではなかったのです。

第一に、現在のイギリスの産業恐慌がその頂点に達しないうちは、私はけっして第二巻を公刊しないでしょう。いろいろの現象がこのたびは特異で、多くの点で、過去に起こったものとは違っています。そしてこのことは――他の修正をひきおこす事情はまったくさしおいて――次のような事実から簡単にわかります。すなわち、合衆国や南アメリカやドイツやオーストリアなどでは、恐ろしい恐慌がもう今では五年近くもつづいていますが、このような恐慌がイギリスの恐慌にさきだって生じたことは、これまでになかったことです。

だから、現在の事態の経過をそれが成熟しきるまで観察しなければならないのであって、そのときはじめて事態を『生産的に』、つまり『理論的に』『消費する』ことができるのです」（マルクスからダニエリソーンへ　一八七九年四月一〇日　全集㉞二九七ページ）。

現在の世界恐慌史では、一八七九年は、一八七三年恐慌と一八八二年恐慌の中間的な時期とされていますが、この手紙は、当時の実感を表現したものだと思います。

マルクスは、この手紙を書いた翌年、一八八〇年一月から『資本論』第二部の執筆を開始しますが、晩年の病気のために、一八八一年三月、再生産論そのものの最後の段階で止まってしまい、恐慌論の総括的叙述というこの計画は、実現されないままに終わりました。

恐慌論の総合的叙述という場合、そこには次の三つの部分が含まれるだろうと思います。

第一は、「恐慌の可能性」の問題です。この問題は、これまで見てきたように、第一部の「第一篇　商品と貨幣」で、商品生産の次元での最も基礎的な提起がおこなわれ、第二部第三篇の「第二一章　蓄積と拡大再生産」で、再生産過程の考察という次元のより高度な提起がおこなわれた問題ですが、恐慌論の総括的叙述の際には、資本主義的生産様式の全体を視野に入れて、恐慌の可能性の発展について、より深い追跡がおこなわれたのではないでしょうか。

第二は、「恐慌の根拠」の問題です。恐慌の可能性が、可能性から現実に転化する原動力となるのは、剰余価値の生産を、生産の「直接的目的」とも「規定的動機」ともする資本主義的生産の利潤第一主義にあります。

このことは、『資本論』全三部の全体で指摘されている問題であり、すでに見たように、一八六五年後半に執筆した第三部の後半部分では、商人資本論（第四篇）のなかで、新たに発見した恐慌の運動論を第二部第一草稿以上に詳しく叙述するとともに、それに続く信用論（第五篇）では、運動論の発動の基盤となる、資本主義体制に内在する恐慌の根拠論を、新しい段階でより詳細に展開してみせたのでした。

第三は、「恐慌の運動論」の問題です。恐慌論の総合的叙述にあてられることを予定された第二部最後のこの部分は、当然、『資本論』全体のなかで、運動論の本格的展開にあてられる唯一の場所となるはずでした。この問題は、マルクスが到達した恐慌論の中心をなすものですが、ほかの部分では論述する機会はなかったのです。マルクス自身が、ここでの恐慌論の総合的叙述の際には、その中心問題として、運動論の詳細な展開をおこなうつもりであったろうこと、また、そこでは、第二部第一草稿では簡潔な問題提起に終わった信用および世界市場と恐慌との関連についても、より立ち入った本格的研究が展開されていたであろうことは、容易に推測されることです。

しかし、この構想が実現しないままになったために、現行の『資本論』では、恐慌の運動論は、商人資本の運動を主役とした第三部第四篇の簡潔な記述以外にはまったくふれられないという結果になってしまったのでした。

もしマルクスがこの部分を執筆していたら、一八六五年の発見以来追求してきた「流通過程の短縮」による恐慌の運動論が中心的な主題となったであろうことは、当然ですが、第二部第三篇そのもののなかで提起された新たな可能性、すなわち産業諸部門間の均衡条件の破綻が生み出す恐慌の可能性も、再生産論展開の成果を踏まえ、運動論のもう一つの形態として、より立ち入った理論展開がおこなわれたのではないでしょうか〔＊〕。

＊　この問題では、旧著『マルクスと「資本論」――再生産論と恐慌』③（新日本出版社、二〇〇三年）の第七篇「第五章　第二部最後の章『再生産過程の撹乱』の内容を推測する」、とく

にその「第三の主題」とした「運動論的な解明――『流通過程の短縮』」(二四一～二五六ページ)を参照いただきたい。

『資本論』第二部の最後の部分を飾るはずだった恐慌論の総合的叙述が未筆に終わったことはたいへん残念なことでした。運動論の二つの領域を含め、マルクスの恐慌理論の全体を具体的に総括する仕事は、マルクスの理論活動を受け継ぐ後世の学徒が担うべき重要な課題の一つとすべきではないか、そのことを最後に指摘して、マルクスの恐慌理論史の概観を結びたい、と思います。

[補論] 二〇〇八年の世界経済危機とマルクスの恐慌理論

本稿で解明してきたように、マルクスの恐慌理論の根底に、資本主義経済がその仕組みがもたらす必然の論理として、「架空の需要」をめざして、表現としてはこの「補論」で使った言葉ですが、「架空の軌道」を描く必然性があるという指摘があります。この根本問題は、マルクスの指摘から百数十年を経た現代の資本主義経済にも依然として引き継がれており、周期的な経済危機の根源となっています。

ここに「補論」として紹介するのは、私が、二〇〇八年の世界経済危機、いわゆるリーマン・ショックの際に、マルクスの恐慌論が生きていることの実証として、リーマン・ショックの考察をおこなった文章です。マルクスの目で現代の資本主義経済を見る試論として、参考にしていただければありがたい、と思います。

『マルクスは生きている』（二〇〇九年、平凡社）から

マルクスが解明した〝バブルの論理〟

マルクスが恐慌を引き起こすバネの役割を果たすものとして注目したのは、資本主義の発展とともに、市場経済での商品の売買に商人資本が入りこんでくることでした。

生産から消費への道は、生産者が売る商品を、消費者が買ってこれを消費することで完結するものですが、商人が介在するとそこが違ってくるのです。商品を生産者から商人が買うのが第一段階、その商品を商人が消費者に売るのが第二段階、この二つの段階を経てはじめて生産から消

費への道が完結することになります（卸売・小売など、介在する商人が複数になると、第二段階はさらに小段階に分割されますが、ここでは、簡略化のために、商人は一人だけということで話を進めます）。

こうなると、生産者の立場から見ると、商人に売る第一段階がすみ、貨幣を手にいれれば、市場に出てきた目的は果たされたのであって、手にいれた貨幣を安心して次の生産過程に投下することができます。剰余価値の部分も投資にまわせば、生産を拡大することもできます。しかし、商品そのものは、まだ生産から消費への道の途中にあります。つまり、商品を現実の消費者の手に移すこの流通過程が完了する前に、生産者のほうは、次の生産を続行することも拡大することもできるわけで、ここにすでに、「現実の需要」から独立した形で、いわば「架空の」軌道にそって生産過程が独り歩きできる仕組みが用意されたのです〔＊〕。

＊　この運動形態に、マルクスは「流通過程の短縮」という呼称をあたえました。商人資本によって商品を購入されると、消費者のところにまでとどかない中間点で、生産者にとっての流通過程が終わってしまう、このことを指した言葉です。

マルクスは、この運動形態のなかに、市場経済のもとで矛盾が累積して恐慌にまでいたる仕組みの原点を発見しました。第二部第一草稿のこの箇所には、生産と販売が「現実の需要から独立」し、「架空のＷ（商品）―Ｇ（貨幣）―Ｗ（商品）が現実のそれにとって代わる」、「そこから、恐慌が準備される」と書きつけられています。生産がこの「架空の需要」を相手にした「架空」の軌道を走りだしたら、同じ過程がくりかえされ、累積してゆくことによって、生産と「現実の需要」との距離がどこまでも広がってゆくはずです。

マルクスは、草稿のなかで、商品の生産と流通が「架空」の軌道の上で活発に進行し、市場がやがて熱狂（バブル）に巻きこまれ、「全般的瓦解、恐慌」の爆発へと進んでゆくプロセスを、経済循環の局面を追う形で、図式的に描きだしてみます。シミュレーション（模擬実験）的な叙述ですが、マルクスはこれを、発見された運動形態によって、バブルと恐慌が起きる仕組みを有効に説明できることの実証としたのだと思います。

マルクスはさらに、こうして起こる恐慌の災害をよりひどい、より大規模なものにするうえで、「信用制度」と「世界市場」が特別の役割を果たしていることに注目しています。「信用制度」は、銀行などの手元に蓄積された膨大な資金をこの過程に投入することで、生産と「現実の需要」とのあいだの距離をぎりぎりの極限にまで押し広げる力として働きます。また、「世界市場」は、バブルの舞台を世界的に拡張することで、そのバブルが「架空の軌道」の上を走っているという秘密を「見えなく」する働きをするのです（『マルクスは生きている』一二二〜一二四ページ）。

世界経済をつらぬく恐慌の論理

二〇〇八年に始まった今回の世界経済危機について、金融政策の失敗が引き起こしたものだとか、実体経済はよかったのに金融経済の破綻《はたん》の影響で経済全体がおかしくなったのだとかの解説もありますが、その経過を見ると、そこにあるのはまさにマルクスが恐慌論で解明した資本主義の矛盾の爆発であって、［恐慌の］運動論で見たバブルの論理も、金融経済の異常な膨張と結びついて、いっそうはっきりした姿を現していることがわかります。

（一）金融危機以前には消費の拡大にささえられて「好況」だったというアメリカの実体経済も、実は、「架空の需要」にもとづくバブル的「好況」でした。そのことは、経済の活況を引っ張る先頭に立った住宅産業景気に端的に現れていました。住宅景気なるものは、実は、せまい消費市場をむりやりに広げようとして、住宅建築産業と銀行業界が合作した人為的なバブルでした。その手口は、〝住宅価格はいつまでも値上がりを続けるから、借金してもローンの返済の心配はない〟という「神話」を宣伝して、低所得の消費者をだまし、借金で住宅を購入させる、というやり方でした（サブプライム・ローン）。この手口による住宅販売は二〇〇四年ごろから急増し、アメリカの好況の最大の推進力となりました。

ここでも、バブルの根底には、マルクスが指摘した「架空の需要」がありました。具体的な形態は多少違って、商品（住宅）はともかく消費者にまでとどきはします。しかし、その消費者が支払い能力の乏しい相手で、結局は「架空」に終わる危険がたいへん大きい「需要」なのです。この「架空の需要」をもとに始まった住宅産業の拡大再生産は、最初から現実の需要から独立した「架空」の軌道を走ったわけで、それが破局に終わるのは、まさにマルクスが解明したバブルの法則どおりのことでした。

消費者の借金で消費を拡大するというこのやり方は、アメリカでは、住宅だけでなく、自動車販売など他の産業部門にも広がっていました。結局、アメリカの好況は金融的な手段でつくり出した「架空の需要」によって大きくささえられていたのでした。

（二）さらに重大な問題は、アメリカ資本主義が、この住宅バブルの足場の上に新たな〝金融バブル〟を組織したことでした。

その方式は、住宅購入のための借用証文（何の価値もない不良債権の借用証でしかありません）を、「金融工学」のエセ技術を総動員し、他の債権と組み合わせて高い利回りを約束された金融商品に仕立て、最新の有利な投資対象として鳴り物入りで売りに出すことでした。不良債権（サブプライム・ローン）からの変造物という素性をたくみにかくしたこの金融商品は、金融市場に投機的な価格高騰の高波を巻き起こして、もともとの〝住宅バブル〟の規模をはるかにこえる巨大な〝金融バブル〟となり、その〝金融バブル〟が、アメリカ主導の「グローバル化」体制のもと、資本主義世界の全体に輸出されたのです。

架空の軌道を「見えなく」するというごまかしの作用も、「信用制度」と「世界市場」が相乗する形で、実に効果的に働きました。この金融商品に多額の資金をつぎこんで買い求めた内外の多くの投資家は、それが「サブプライム・ローン」などの不良債権からつくりだした変造品だなどとは夢にも思わなかったのではないでしょうか。

(三) 二〇〇七年に住宅バブルの崩壊が始まり、続いて〇八年に、〝金融バブル〟の大崩壊が起こったとき、その規模と震度は、実に衝撃的なものでした。全米に一、二を争う巨大な投資銀行が次々に倒産の危機に見舞われ、その衝撃波は、資本主義世界の金融経済の全体をゆるがし、さらにアメリカの実体経済の諸部門にも、危機の連鎖反応を引き起こしました。危機の波及の担い手となるのは、金融経済の世界では物の流通ではなく、ＩＴの網の目で瞬時に世界を一周する金と情報の流通ですから、危機の連鎖が波及するスピードも、それがもたらす破壊力の大きさも、ともに絶大なものがあります。こうして、アメリカ主導で世界に広げられた金融経済主導の逆立ち経済は、矛盾を緩和するどころか、それを極限にまで押し広げ、住宅バブルの破綻に始まった危機を、全世界、全産業をゆるがす巨大なものにしたのでした（『マルクスは生きている』一二七〜一三〇ページ）。

（『前衛』二〇二〇年五〜六月号）

不破哲三（ふわ　てつぞう）

1930年生まれ

主な著書　「スターリン秘史」（全６巻）「現代史とスターリン」（渡辺治氏との対談）「史的唯物論研究」「講座『家族・私有財産および国家の起源』入門」「自然の弁証法—エンゲルスの足跡をたどる」「エンゲルスと『資本論』」（上・下）「レーニンと『資本論』」（全７巻）「マルクスと『資本論』」（全３巻）「『資本論』全三部を読む」（全７巻）「古典研究　マルクス未来社会論」「古典研究　議会の多数を得ての革命」「古典への招待」（全３巻）「マルクス、エンゲルス　革命論研究」（上・下）「『資本論』はどのようにして形成されたか」「マルクス『資本論』—発掘・追跡・探究」「『資本論』探究——全三部を歴史的に読む」「『資本論』のなかの未来社会論」「マルクス弁証法観の進化を探る——『資本論』と諸草稿から」「古典教室」（全３巻）「マルクスは生きている」（平凡社新書）「新・日本共産党綱領を読む」「報告集・日本共産党綱領」（党出版局）「党綱領の理論上の突破点について」（同前）「日本共産党史を語る」（上・下）「新版 たたかいの記録—三つの覇権主義」「スターリンと大国主義」「日本共産党にたいする干渉と内通の記録」（上・下）「二十一世紀と『科学の目』」「ふたたび『科学の目』を語る」「アジア・アフリカ・ラテンアメリカ—いまこの世界をどう見るか」「21世紀の世界と社会主義」「『科学の目』講座・いま世界がおもしろい」「激動の世界はどこに向かうか—日中理論会談の報告」「『科学の目』で見る日本と世界」「歴史から学ぶ」「『科学の目』で日本の戦争を考える」「私の戦後六十年」（新潮社）「回想の山道」（山と渓谷社）「私の南アルプス」（同前）「新編 宮本百合子と十二年」「小林多喜二—時代への挑戦」「文化と政治を結んで」「同じ世代を生きて—水上勉・不破哲三往復書簡」「不破哲三　時代の証言」（中央公論新社）

『資本論《しほんろん》』完成《かんせい》の道程《どうてい》を探《さぐ》る

2020年10月15日　初　版

著　者　不　破　哲　三
発行者　田　所　　稔

郵便番号　151-0051　東京都渋谷区千駄ヶ谷 4-25-6
発行所　株式会社　新日本出版社
電話　03（3423）8402（営業）
03（3423）9323（編集）
info@shinnihon-net.co.jp
www.shinnihon-net.co.jp
振替番号　00130-0-13681
印刷・製本　光陽メディア

落丁・乱丁がありましたらおとりかえいたします。

ISBN978-4-406-06488-0　C0030　Printed in Japan